本书由建新赵氏集团有限责任公司资助出版

让每一颗星星都闪亮

基于学生成长的学校德育

Rang Mei Yi Ke XingXing Dou ShanLiang

顾亚莉◎主编

让孩子们在多元评价中找寻并成就自我，丰富多彩的德育活动就是一个个锤炼的舞台，力促小星星们在德育活动体验中绽放出耀眼的星光，在广袤的星空里展现一片灿烂！

光明日报出版社

图书在版编目（CIP）数据

让每一颗星星都闪亮．基于学生成长的学校德育／
顾亚莉主编．－－北京：光明日报出版社，2019.2
ISBN 978－7－5194－4916－2

Ⅰ．①让… Ⅱ．①顾… Ⅲ．①小学教育—研究②小学
—德育—研究 Ⅳ．①G62

中国版本图书馆 CIP 数据核字（2019）第 025049 号

让每一颗星星都闪亮——基于学生成长的学校德育
**RANG MEIYIKE XINGXING DOU SHANLIANG——JIYU XUESHENG
CHENGZHANG DE XUEXIAO DEYU**

主　　编：顾亚莉

责任编辑：宋　悦　　　　　　　责任校对：赵鸣鸣
封面设计：中联学林　　　　　　责任印制：曹　净

出版发行：光明日报出版社
地　　址：北京市西城区永安路 106 号，100050
电　　话：010－63131930（邮购）
传　　真：010－67078227，67078255
网　　址：http：//book. gmw. cn
E － mail：songyue@ gmw. cn
法律顾问：北京德恒律师事务所龚柳方律师

印　　刷：三河市华东印刷有限公司
装　　订：三河市华东印刷有限公司
本书如有破损、缺页、装订错误，请与本社联系调换，电话：010－67019571

开　　本：170mm×240mm
字　　数：227 千字　　　　　　印　　张：15.5
版　　次：2019 年 3 月第 1 版　　印　　次：2019 年 3 月第 1 次印刷
书　　号：ISBN 978－7－5194－4916－2
定　　价：58.00 元

编委会

序

教育能做什么——教授知识？教会做人？助人成才？

教育的本质是引领，引领决定方向，这是学生成长中最为关键的因素。

玛格丽特·桑杰斯是一位杰出的社会活动家。她在一个大城市的贫民窟工作期间亲身经历过一件事，令她终生难以释怀。一天下午，一个男孩架着双拐蹒跚着走进了健身房。他的一条腿严重扭曲，只好在旁边一脸羡慕地看着兴高采烈玩耍的同龄小孩。在和小孩子聊了一段时间后，玛格丽特得知，小男孩因车祸导致腿部严重受伤，又因为家中贫困，一直没能接受较好的治疗。玛格丽特将这个小男孩带到医院做了外科检查，尽管所需费用昂贵，但她还是执意要帮助这个可怜的孩子。后来，在玛格丽特的资助下，小男孩终于扔掉拐杖，重获健康。再后来，小男孩长成了一个健壮的小伙子，然而，他却因为抢劫被判刑三年。玛格丽特为此泪流满面，她说："这是我一生中最愧疚的一件事，我只顾了教他如何走路，却忽略了更重要的一件事情——告诉他应该往哪里走！"

玛格丽特的反思值得我们教育者借鉴，若问当下教育的不足，相信能罗列出的问题不是一点点，但最大的缺失恐怕还是忽略了对学生品德和操守的培养。如今，追逐功名利禄似乎成了全社会"主流"的价值取向，许多人只看成功与否，不问途径手段；尤其严重的是这些庸俗的功利观已经开始向年轻一代蔓延，值得我们每一位教育人高度关注。

教育不是万能的，但教育人一定要有"立德树人，德育为先"的教育意识。"星海人"秉承着"日星日新，让每一颗星星都闪亮的"教育梦想，引领孩子们"日日有星日日新"，每天都有新的发展与新的收获，从而成就每一个的孩子。让孩子们在多元评价中找寻并成就自我，丰富多彩的德育活动就是一个个锤炼的舞台，使得小星星们在这些德育活动体验中绽放出耀眼的星光，在广袤的星空里呈现出一片灿烂！

目 录
CONTENTS

01

| 理论篇 |

　　教育的根本目标在于育人，人才的核心素养是道德品质。学校应积极探索德育教育的新途径、新方法，构建新时期中小学德育工作的实践体系。我们本着生活化、体验化的道德教育理念，提出"五星擂台形式"，让每一颗星星都闪亮；以弘扬"国学启蒙，从'孝'开始"，培养学生的良好品行；在"生态文明教育的实践与研究"中，认识人与自然、人与学校、人与人和谐共处的方式方法；践行"无围墙教育"改革探索，形成了家·校·社三联共育的喜人局面。

五星擂台，让每一颗星星都闪亮

苏海未　金建辉

一、研究的背景

孔子言："少成若天性，习惯若自然。"研究表明，3～12 岁是一个人形成良好行为习惯的关键期。良好习惯的养成对于一个人的成长、发展起着至关重要的作用。小学阶段是一个人养成良好习惯的重点阶段，每个教育者都有责任帮助学生养成良好的习惯。我校区的德育工作者也非常重视培养学生良好的习惯，并不断创新，积极探索行之有效的方法，努力教导每一个孩子学会做人、学会学习、学会创造。

（一）良好习惯养成教育的需要

良好习惯养成教育应成为小学德育工作的基本任务，应是小学德育工作永恒的主题。良好习惯养成教育在德育工作中具有重要的地位，是教育中最"实"的基础部分，也是教育的"质"的指标。

良好习惯养成教育又是一项复杂的系统工程。对学校而言，不同年级有不同年级的养成教育任务，期望开展一两个活动、抓一两个月就使小学生在方方面面都养成良好习惯是不现实的。养成教育要天天抓、周周抓、月月抓、年年抓，任何时候都不能放弃，任何时候都不能松懈。学校在开展良好

3

习惯教育时必须依照科学的规律进行，以达到事半功倍的教育效果。我校针对良好习惯养成教育的特点和重要性一直在探索有效的方法。

（二）改变学生行为现状的需要

1. 家长态度的淡漠——注重成绩　忽视习惯

只要孩子学习好，便万千宠爱集于一身。很多时候家长替孩子包办了一切，只求孩子"一心只读圣贤书，两耳不闻窗外事"。书包太重压弯了孩子的腰舍不得，轿车、电动车、自行车、三轮车送到门口；家中早饭不好吃，送到校门口小吃店吃，时间赶不及，甚至送到校门口吃……有些家长根本不注意自己的行为习惯，陪同孩子到校门口，孩子还在吃包子，他已经先吃完了就随手把白色塑料包装袋扔在了地上；还有一次一位奶奶来接孩子，看见孩子就要走出校门，她想去拿他的书包，就直接把橘子皮扔在了地上，调皮的橘子皮还"跳"进了学校……家长是孩子最直接的"镜子"，不管好自己的言行，不重视孩子平常的良好习惯教育，怎能提高孩子的素质？良好习惯养成教育是一个系统工程，主要通过学校教育、家庭教育和社会教育三条途径来完成。要实现良好习惯养成教育，各种教育途径必须协调一致。

2. 学生自我的放松——娇生惯养　约束不够

现在的孩子哪个不是蜜罐里养出来的？95% 以上的孩子都生在衣食无忧的家庭。家中"王子""公主"最大，六位大人还担心伺候不到位。为此，好多孩子都有自由任性、好吃懒做、自私自利等毛病。他们大多以自我为中心，从不会设身处地地为他人着想，养尊处优、无视规章。面对校门口如此多的诱惑，他们怎能控制住自己的手和自己的嘴？1000 多学生，35 个班级，每个班级只要有两三个同学买零食，总共就有百余人参与其中，每天就会有百余张零食纸飞落在校园中。买零食的不良行为会导致其他一系列的不良行为。不良习惯不仅影响自己也影响着他人。

行为养成习惯，习惯形成性格，性格决定命运！小学生处在少年过渡到青年的时期，他们的人格尚未成熟稳定，但他们模仿性强，可塑性大，如果能将他们身上的不良行为及时矫治，必将有助于他们的健康成长！为此，我校开展了"五星擂台，星火燎原"系列活动，进行了五星擂台促良好习惯养成的研究与探索。

二、概念的界定

（一）五星擂台——以"五星"评比为载体，促进良好习惯的养成。即实验校区大队部制订了详细的评比要求，每月一次就每一个学生的日常行为规范通过民主日日评——周周集体评——申报月月评，由班主任利用每月最后一周的星期一晨会时间组织全班学生进行投票评比，每月汇评一次上墙，把评上的学生照片贴在教室外面的展示栏中，并通过广播表扬，在网站上公布，来宣传先进。

（二）五星擂台让每一颗星星都闪亮——即希望每月的五星评比，能做到短时间、低平台、树榜样，使好行为感染到更多的同学，进而使大家养成良好的行为习惯。

三、研究的目标

（一）理论目标

1. 良好的行为习惯只有通过反复的分解操作练习，才能形成自然、一贯、稳定的动力定型。《五星评选标准》是《小学生日常行为规范》以及本校自定的《小学生一日常规》《新三好标准》的有效分解，易于操作，从而为德育教育开辟一个新的研究领域。

2. 本课题的研究为学校开展良好习惯养成教育探索出了行之有效的途径和方法。

3. 通过本课题的研究，可成功构建学生良好行为习惯养成的培养模式，并为其他学校提供有益的理论借鉴和有用的操作技术。

（二）实践目标

1. 在每月"打擂"中充分挖掘学生的闪光点，并加以放大，激励学生的进取心，培养其自信心和集体荣誉感，使之养成良好的行为习惯，并塑造其健全的人格。

2. "五星擂台"的评比就是要通过张扬同龄学生中的优秀典型,让身边的榜样带动更多的学生参与行动,让更多的学生学会感恩、学会关怀、学会自我约束,从而不断进取使星火燎原,使学校德育工作的开展越来越通畅,最终推进和谐校园的建设和校园文明程度的提升。

3. 星星之火虽小,但足以燎原,以校内环境的洁净创建校外环境的洁净,从而促进社会和谐发展。

四、研究的过程和主要措施

良好日常行为习惯的养成不可能一蹴而就,需要近期目标、远期目标、长久持续性计划。为此,由学校校长室到教导处再到少先队制定了统一且长久的目标。这三学年的德育教育主题就是"环保、礼仪、学习",针对学校实际情况分三阶段进行。第一阶段成立红领巾环保大队,侧重环保教育;第二阶段全面开花——紧抓环保教育,落实礼仪、勤学教育,以点带面,齐头并进;第三阶段学习《弟子规》,将"五星"教育进一步提升。

(一)完善设施

1. 制定规章

首先学校校长室召开中层会议,商讨如何有效解决卫生问题,但现状总是不容乐观。会议决定是由大队部成立红领巾环保大队,利用环保小卫士的力量共同督促学校的卫生情况。接着在班主任会议上提到每班要评选十名环保小卫士。那评选的标准是什么呢?会议决定由大队部制定评选标准交教导处核实,再由校长室通过。

大队部召开大、中队委员会议,学习环保小卫士评选标准,倡导每一个小干部积极争取,再由班级评选班级小卫士。首批小卫士由大队部统一授予"小卫士"标志,十名小卫士组成班中的环保小队,35 个环保小队组成了"红领巾环保大队",由校长在校会上授予红领巾环保大队旗帜。

在环保教育有了一定效果后,学校又根据本校学生文明礼仪行为规定,规范大家的行为。比如碰到老师要主动问好，但是可能平常对于礼仪教育不够强调，有些同学就没做到；学校大队部由此出台了礼仪之星评选标准，继而又推出了学习之星评选标准。三项之星评选标准都是由学生代表、班主任老师、任课老师及学校领导层层斟酌后根据本校学生实际情况制定的，内容浅显、目标清晰、朗朗上口、易学易懂。三个评选标准推出之后，大队部根据各中队学习情况推出了"五星擂台　星火燎原"评选活动，同时还相应出台了这三项集体评优检查制度，期末根据检查记录评选三项优胜班。

2. 保时保质

学校重点从"环保、礼仪、勤学"三个方面来抓学生良好习惯的养成。如何来有序推进这"五星"的争创活动呢？学校对此非常重视，采取多层面落实，具体来讲就是校长室、教导处、大队部制定规则，布置任务，做好全局管理工作，班主任老师具体负责本班学生的教育、训导、考评工作，其他学科老师配合班主任督促学生养成好习惯，重点关注学生的学习习惯，家长协助学校及老师教育、督促自己的孩子养成良好习惯，班队干部在班主任老师的指导下协助班主任做好督查、考评工作。

同时由校长室直接发文，任何老师不准挪用"校会、晨会、班会"时间来上教学内容，而且要确保每一次、每一会都要有针对性的主题。

学校还利用网络，布置老师阅读《钱文忠解读〈三字经〉》等书并派老师听专家报告，以提高教师对养成教育重要性的认识，培育教师基本的教育操作方法，从而使他们自觉、有效地实施养成教育。

3. 改善环境

"与善人居，如入芝兰之室，久而自芳也；与恶人居，如入鲍鱼之肆，久而自臭也。"加强校园环境建设影响甚大。

学校尽量做到了校园的净化、绿化、美化，并让每一棵花草、每一次活动都发挥育人功能。一是在校园、走廊等处竖、挂、贴关于良好习惯内容的牌、框、画，让学生时时看到；二是利用黑板的一角每周写上一条以习惯养成教育为主题的名人名言，让学生阅读、自悟；三是每学期必出一期以养成教育为主题的班校黑板报；四是利用红领巾广播每天播出一则关于养成教育的故事，表扬表现突出的同学；五是利用校园电视播放有关养成教育的活动画面，尤其是学校关于养成教育的主题化班队活动，努力营造养成教育的浓郁氛围。

（二）学习制度

1. 重视三会

（1）校会：重视国旗下的讲话，规范升旗仪式。在每周一的升旗仪式上，校领导国旗下的讲话是学校德育教育的冲锋号。学校紧紧抓住这个教育阵地，认真组织每次国旗下的讲话，具体做到形式规范，围绕各个阶段不同的教育主题，结合实际，使讲话内容系列化、专题化、儿童化，体现针对性、系统性、严肃性、灵活性。在开学典礼上还安排了"五星"代表上台发言。

（2）晨会：每周一的晨会都有20分钟时间，固定由班主任讲话，高年级可由值周班长进行一周反馈（值周班长每天记录班级日记），再由班主任级进行小结，表扬先进的同学，提醒落后的同学，同时使"五星"人选初具雏形。及时地总结和反省会成为继续前进的动力，经验和教训就是这样一点一滴积累起来的。一旦出现"三天打鱼，两天晒网"的怠惰倾向或行为，要保持清醒的头脑，及时转向。培养好习惯需用加法，矫正坏习惯则需要用减法，应逐步减少不良行为的次数。每周的晨会可以起到这样的作用。

（3）班会：每周三下午第三节的班队活动课，学校大队部会统一播放《中国少先队队歌》。在嘹亮的歌声中，每班拉开了形式多样的班会活动。根据少先队工作计划，每学期各班制定中队计划并记录活动内容，以评选"五星"为主题的计划有《环保，从你我做起》《文明之花处处开》《做学习的主人》《谁的学习习惯好》等。

2. 开展活动

（1）主题活动凸显五星

为了提高同学们的时间观念，培养其守时、惜时的习惯，各班开展了

"勤学惜时，珍惜童年"主题教育活动。主题队会、朗诵比赛、惜时故事、惜时歌曲等活动纷纷登场；一分钟写字、一分钟背单词，一分钟做口算题等，让同学们感受到一分钟到底能做多少事情；"30 秒钟整理书包""20 秒钟整队""10 秒钟替换学习用品"则让同学们明白，时间就在自己手中，自己努力就能挤出时间。活动结束后同学们一致表示，平时自己在生活和学习中浪费的时间的确太多了，应杜绝拖拉和懒散行为，养成良好的学习习惯，让自己的童年在充实、快乐中度过。通过本次展评活动，同学在参观过程中感悟到了良好作业习惯的重要性，激发了他们自我进步的决心。这些主题活动的开展，对于在全校形成"勤学惜时"的优良学风产生了巨大的推动作用。

（2）节日活动检验"五星"

为举办"庆三八红色康乃馨"感恩活动，大队部在阶梯教室召开了班长动员大会。3 月 6 日，各班召开班干部会议商议确定本班活动；3 月 7 日前，各班刊出有关庆三八黑板报；3 月 7 日，大队部利用红领巾广播倡议全体队员把祝福带给妈妈也带给女老师。校外活动：①早上要把自己的事先干好，比如不睡懒觉、自己穿衣、梳头、洗脸、刷牙、好好吃饭等。②送给妈妈一个甜蜜的吻，大声地说一句："妈妈，节日快乐！我爱你！"③送给妈妈一个小礼物，比如唱一支歌、画一幅画等。④为妈妈洗一次脚、捶捶背。⑤为妈妈盛一碗饭、倒一杯茶。⑥帮妈妈做一些家务活。⑦妈妈不在身边的，打个电话或写封信给妈妈捎去祝福。校内活动：大队部给各位女教师献上红色康乃馨，各班同学给女教师道一声祝福：老师，祝您节日快乐！高年级的同学还给老师倒上了一杯绿茶，有的还送上了精美的感恩卡。3 月 8 日那一天的校园特别温馨，很多同学都在活动反馈或日记中提到今年的三八节虽然很累，但是很值得。

9 月 10 日，在教师节来临之际，大队部组织了"老师我爱您"系列活动，一是敲锣打鼓迎老师；二是千朵鲜花献老师；三是一句祝福敬老师；四是真心实意为老师；五是歌声悠扬送老师。

每年的春游、秋游、参观等外出活动，也为孩子们做文明小游客、自觉遵守交通规则等创造了实践机会。总之，学生在课堂上明白的道理，还应回归到生活中进行体验，使之真正成为学生内在的道德修养。

3. 其他途径

美国著名教育家曼恩曾说："习惯仿佛是一根缆绳，我们每天给它缠上一股新索，要不了多久，它就会变得牢不可破。"更何况是良好习惯的养成呢？时时刻刻都要利用机会来促好习惯的养成，比如利用学科资源在语文课和品德与社会（生活）课上进行良好习惯养成教育，利用学校网络资源对学生进行教育学习，如观看《校园礼仪》等来渲染氛围。

（三）保障措施

1. 校内

（1）环保小卫士　尽心尽责

定期召开环保小卫士会议，反复落实环保小卫士职责，课间环保小卫士要监督乱扔垃圾现象；中午、下午放学时间环保小卫士要做"暗探"，抓买零食、吃零食的同学并做记录；每周由每年级一班（每个年级有八个班）环保小队长统一向环保大队队长汇报一次本年级段工作，以及时杜绝一些不卫生现象。

（2）值周班级　督查到位

加强值周工作管理，详细制定值周工作制度，进一步明确责任分工，特别是值周岗位进行了变更，原来正门口只有八人佩戴红绶带欢迎老师同学来校、欢送老师和同学离校的值周生，现在增设了"环保礼仪"监督促佩戴绿绶带到校门口及学校的各个楼层巡视检查。中高年级各班同学严格执行值周工作的各项制度，提高自我管理的能力，在体验值周的过程中学会自我约束，以增强爱校思想，真正做到我是一名好学生。

（3）值周领导　巡视总结

每星期的值周领导工作非常全面，提早30分钟到校，推迟30分钟离校，针对开展"环保、礼仪、勤学"集体竞赛要进行巡视检查督促并做回顾总结在校会上做一周反馈，指出需改进的不良行为，表扬先进个人、先进集体。

（4）大队部四项竞赛评比

我校对卫生工作特别重视，委派专人负责这项工作，名曰"小星星闪亮活动"，由教师与大队干部、卫生委员组成检查队伍，并及时向各班反馈结果以督促改进。小星星闪亮活动已开展三年，由大队部组织卫生委员上岗培训，参与检查，每天早上、下午各检查一次，每班检查结果反馈在教室布告栏中，每周公布一次全校卫生成绩。如一周五天都得满分，可直接奖励一颗"小星星"。为了使更多的小星星飞向校园荣誉栏，保证师生有一个整洁、卫生的环境，我们注意从小事抓起，从身边事抓起，以检查促先进，从每一个学生抓起，扎扎实实，确保实效。

礼仪集体竞赛包括就餐礼仪、佩戴礼仪、做操礼仪及课堂礼仪。每天一次的广播操及上、下午的眼保健操，组织各班体育委员对各班的队列、动作、出操等进行定班检查，一周一次小结评比。就餐礼仪主要由学校领导进行检查，佩戴礼仪由值周班级每天检查，课堂礼仪由任课老师和学校领导调研反馈。每年级段评出前三名为两操优胜班。得分累积，为期终评比德育先进班打好基础。强化食堂就餐礼仪，在老师没有到食堂管理之前，食堂就餐很乱，也很吵，可能有些同学没有吃饱，不好吃就不吃了，还把餐桌搞得一片狼藉。强化校园礼仪很重要的一件事就是改变食堂就餐礼仪。少先队大队部呼吁全体师生，逐步养成"安静""干净"的文明就餐习惯，文明就餐，以创造实验校区师生就餐的新面貌。为了进一步强化落实文明就餐的要求，学校安排每班的正副班主任轮流下班管理，班子成员分别就自己分管的年级段维持就餐秩序，还要进行打分，记下文明餐桌的号码，及时通过校会、广播表扬。在大家的共同努力下，同学们的就餐习惯越来越文明，就餐秩序有了很大改进，整个就餐环境也变得更加温馨、舒适、祥和。

（5）领导班子学习习惯调研

为了进一步强化学生的学习习惯，在2017年第一学期，学校领导班子还进行了全校学习习惯调研。每天每班抽查一节课，调研听课、作业、坐姿等情况。

（6）期末评比从个人到集体

每月一评的"五星擂台"效应把活动推向高潮，可谓是水到渠成。围绕"良好习惯养成教育"，在全体学生中开展"行为养成星级好少年"争星活动，分为"环保之星、礼仪之星、学习之星"。大队部制订了详细的评比要求，由班主任利用每月最后一周的星期一晨会时间组织学生进行评比，每周评议记载，每月汇评一次上墙，并把评上的同学的照片贴在教室外面的展示栏中，而且还通过广播表扬，在网站上公布。

学期末的最后一次评比更是竞争激烈。"五星擂台"的评选依旧进行，同时还进行了"五星"向"新三好"前进的评选，由自荐申请、同学选举、课任老师投票决定。星级先进集体的评选也分单项先进班（环保星级先进班、礼仪星级先进班、学习星级先进班）和最高项先进班。单项分数前 20 名的班可入选单项先进班，同时可作为最高项先进班的候选单位，再由课任老师投票、领导投票，最后决出 10 名先进班。

2. 校外：重视家长　及时沟通

养成教育要取得良好效果，学校、家庭必须达成共识，否则不但会出现"5 + 2 = 0"的情况，甚至会引发负效应。父母如果能与学校主动沟通合作，是最好不过的。学校多次邀请家长参加专家报告会，让他们懂得养成良好的习惯对孩子一生成长、发展的重大意义，引导家长学习专家推荐的一些书籍、光盘等；本学期就召开了一年级、四年级的家长会和各年级段家长代表会议。同时，学校还通过家长学校利用"翼校通"等平台与家长进行沟通，对家长进行辅导，让他们更好地配合并支持学校开展养成教育。比如在重点开展礼仪教育阶段，大队部在继"文明礼仪花绽校园"活动之后，又向每个同学发起倡议，进行"文明礼仪花绽家庭"活动，把文明礼仪的春风从校园吹向家庭。为了让家长配合此次活动，大队部还致信给每个同学的家长，鼓励他们参与。

每年的寒、暑假前夕大队部也会下发寒、暑假反馈表，请家长监督孩子的假期表现，不让负效应产生，希望涌现更多的良好行为。每学年开学典礼都会将寒、暑假反馈表中的情况做一总结，做到及时表扬，让"明星"闪耀。

通过近三年的实践，学生的良好习惯日渐养成，良好的学风、校风正在逐渐形成。良好习惯养成教育对学生的健康成长、素质教育的顺利开展都起到了巨大的促进作用；而随着探索的不断深入，学校的良好习惯养成教育必将会结出更丰硕的成果。

国学启蒙　从"孝"开始

陈　路

　　传统文化是一个国家和民族的集体历史记忆和精神寄托，是一个民族身份的标志。中国人带给世界的最大贡献就是中华传统文化，在今天外来文化、网络文化等对孩子们的影响越来越深的情况下，如何让孩子在本国传统文化的滋养中成长，健全人格，并培育其民族精神，已成为学校德育工作的重中之重。

　　"孝"是中华文化的核心，是中国人特有的一种文化表现，是中华文明区别于其他文明重大的文化现象之一；同时，孝在本质上是一种爱与敬的情感与行为，是一切道德之源。因此，它还是人们实践道德的起点。近几十年来，随着商品经济的发展，许多人的价值观念也发生了变化。一些人极端利己主义膨胀，自私自利，甚至心中没有父母，更没有兄弟姐妹和他人。一些优秀的"孝"的伦理道德遭到破坏，引发了严重社会问题。不少人不但不能自觉地履行对父母应尽的义务，反而把实用主义、金钱至上的观念渗透到家庭生活中。尽管现在人们已经较之过去有了更为雄厚的经济实力来孝敬老人，但很多人孝心丧失，孝敬父母更是有力无心，使孝道遇上了前所未有的危机，孝道观念受到了强烈的冲击。这些情况，在很大程度上影响着学生的道德观念。

　　从学校教育来看，教师针对学生的种种不良行为，只是孤立地就事论事，而没有挖掘更深层次的原因，从而显得教育措施不力；再加上学校德育工作程式化、常规化，缺乏个性，也导致学校德育教育后劲不足。

国学一词，较早见于《周礼·春官·乐师》："掌国学之政，以教国子小舞。"现在，国人比较认同的说法是国学，又称国故，狭义是指以儒学为主的中华传统思想文化与学术；广义则主要根据胡适说的"中国的一切过去的历史文化"，然后拓展外延和内涵而形成的一套完整的文化、学术体系。简而言之，国学就是中国学，就是中国的传统文化。

对小学生而言，国学教育只能循序渐进，择要取精，不能同时全面并举。我们认为，一个人不爱父母，焉能爱别人？不懂辛苦，焉能体谅父母？子女生下来后，最先接触的人是父母，最先从父母那里感受到人间的爱，这种爱必然培养并生发出子女对父母以及通过他们对人类的爱。因此，国学启蒙教育是以"孝"精神为核心的传统美德教育。

一、构建校本教材，让"孝道"有"典"可依

（一）编印诵读资料——《弟子规》《三字经》等

中国是一个具有五千年悠久历史的文明古国，而中华古诗文是我国古代珍贵的文化瑰宝。诵读古诗文，不仅可以让学生深刻感受中国古籍精辟语言的魅力，受益于古诗文的文学滋养，同时还能受到中华传统美德的教育，可谓是一举两得。几百年来，我们中华民族的祖先一直坚信这样一个简单的道理：小孩子在年少时（0～13岁）记忆力非常好，应该把前辈的人生经验、生活智慧记忆下来，牢牢地背记，并烂熟于心中。尽管此时他还不理解其深刻含义，但是先记住，好比牛先把草吃下去，有时机再反刍一样，随着孩子年龄的增长，其理解能力也在成长，到了一定年龄自然会酝酿发酵，产生出更深的理解和领悟。

在课题实施之前，我校课题组成员在参考有关古诗文读物的基础上，选用《弟子规》《三字经》等书印发给学生。我们希望借助经典精练的语言对儿童进行国学启蒙教育，灌输儒家文化的精髓即孝道。

（二）编写故事精选——《中华美德故事》

心理学研究表明，爱听故事是每个孩子的天性，不论是男孩还是女孩，调皮的还是乖巧的，都喜欢听故事。故事可以让人产生丰富的想象，培养孩子的想象能力和创造性思维。

结合实际，我们充分利用学生爱听故事的天性，组织有一定文学功底的语文教师从《弟子规》经典中挖掘、筛选动人的故事和趣闻，编成了符合少儿年龄、心理特点的故事，通过班级故事会、学校故事会，让学生听、讲、演经典故事，让他们在配乐中诵读，在情境中表演，以感受孝道之美。

（三）制定行为规范——《学生礼仪手册》

为了能够让学生有意识地约束自己的行为，养成良好的礼仪习惯，必须要让学生系统地知道，在礼仪习惯上我们应该做什么，应该怎么做。为此，我校根据学生的特点，专门制订出一本《学生礼仪手册》，详细而系统地规定了各个年级具体的礼仪目标，充分结合学校常规教育管理，以美德规范学生的行为，以期培养良好的班风、校风、学风。

二、用好校本教材，让"孝道"落到实处

（一）经典熏陶，将"孝道"植入童心

《弟子规》等经典的诵读有助于学生吸取最具传统文化价值的经典诗文，识记和掌握终身受益的知识精华，并使学生逐步认识、领会我国优秀民族传统文化，继承和弘扬以孝道为核心的民族精神，汲取历史智慧，认同民族文化，增强民族自信心、自尊心、自豪感。从"亲有疾，药先尝，昼夜侍，不离床"知道了如何照顾生病的父母；从"父母教，须敬听，父母责，须顺承"中知道了如何谦恭接受父母的教诲；从"凡是人，皆须爱，天同覆，地同载"中知道了无论什么人都需要互相关心爱护……孩子们诵读着，仿佛在聆听圣人对他们的训导。《弟子规》中的话句句见理，拨动着他们的心弦，给他们以警醒。

1. 营造良好的诵读氛围

良好的读书氛围能调动学生阅读的积极性，是学生感受读书乐趣的有效载体。在活动中要注重引导教师充分结合校本教材，在语文课堂教学和班级、学校中营造诵读经典的良好氛围，努力营造"时时是读书之日，处处是读书之所，个个是读书之人"的良好氛围。

我们利用黑板报、红领巾广播站等多种媒体，营造诵读《弟子规》的氛围，使学生走进经典，耳濡目染中华优秀传统文化，陶冶情操。利用班级家长会向家长介绍诵读《弟子规》的目的、意义以及目前取得的初步成效，请家长在双休日学生回家时配合督促指导，同时也请家长们在日常生活中言传身教，当好孩子的榜样。

2. 确保活动时间与交流

为确保活动时间和质量，我们开展了"三个一"经典诵读活动：一周一节诵读课，把每周一节的语文活动课定为经典诵读课；一月一次活动课，每班每月以《弟子规》为主题进行班队活动；一学期一次赛诗会，以年级为单位开展《弟子规》诵读比赛，评比"《弟子规》诵读先进班"；在此基础上，每学期都坚持举行"古诗文教学暨诵读研讨会"，邀请省、市、县专家进行指导，并在师生中开展"我与经典同行"等征文比赛，积极引导全体师生为开展经典诵读活动献计献策，集思广益，让学生体验到成功的快乐。

（二）故事导情，用榜样激励童心

1. 讲美德故事

充分运用编写的美德故事，每周以年级为单位讲三个故事，每个月评选一名"故事大王"，每学期举行一次"经典美德故事会"。通过交流表达，畅所欲言，在提高学生的口头表达能力，促使学生继承中华传统文化的同时，令其领悟先哲们的崇高品格和爱国情怀。

2. 演美德故事

鼓励学生踊跃参与编排故事，参加学校一年一度的"七彩校园——我演美德小故事"文化艺术节活动。根据校本教材或者学生课外读物中的美德故事，组织学生改编、表演，使故事中的画面和人物的情感在学生的头脑中"活化"起来，以触动他们的心灵世界，让他们深刻感悟先哲们的人性美，让一个个鲜明的人物形象变成学生心中一道道不倒的道德长城，去抵御人生中遇到的风风雨雨。

如09学年的"我和春天有个约会"——我学经典美德故事汇报会，各班学生通过对《弟子规》《三字经》的理解感悟，编排了形式多样的汇报节目，有配乐诵读、情境表演、讲故事、演讲、舞蹈展现、开火车读字、抽签点将、一人演一人猜游戏、亲情互动等。活动中学生学习、继承了中华古文化瑰宝，很好地进行了语文知识的拓展，更重要的是在他们幼小的心灵中播下了孝道的种子。

三、学习礼仪规范，让"孝行"合理外化

"礼是尊重，仪是表达。礼仪就是用外在的言行来表达自己内心的尊重"（金正昌教授言）。礼仪与"孝"密切相关，礼仪是孝道的外化表现。但礼仪教育不是教育者将礼仪规范强加于受教育者，而需要受教育者通过认知、理解而产生一种正确的、自发性的外在行为表现。因此，我们的礼仪教育必须有明确的目标，让每个学生知道我们为什么要养成良好的礼仪习惯、礼仪规范有哪些、何种行为才是符合礼仪准则的。只有提升学生的思想理念，明确行动目标，才能有效地进行礼仪行为训练。

（一）学习礼仪手册，明确行动目标

培养学生具有良好的文明礼仪习惯，就必须首先学习礼仪行为规范，只有让礼仪规范深入人心，才有可能实施有效的教育。为此，我们学校从新生入学第一天起就每人发放一份《学生礼仪手册》，各年级根据自己年级的具体要求认真学习。学校向学生进行了广泛宣传，一是在开学典礼上，利用开学动员和大幅标语进行宣传，以营造教育气氛；二是每周升旗仪式时利用国旗下的讲话，有计划地进行学习规范的系列讲演，让学生明白礼仪常规和待人接物的原则，使礼仪规范深入人心；三是各班级根据学校的周教育重点和

各年级学生的具体要求，每周分重点、分专题对学生进行系统教育，使礼仪规范更细致、更深入地渗入学生的心灵。

由于《学生礼仪手册》规定详细有序，层次清晰，要求明确，可操作性强，因此在实施开展时，比较容易抓落实。

（二）注重实践导引，落实礼仪行为

著名的儿童教育专家关鸿羽说："习惯培养需要训练。"著名的教育思想家陶行知先生提出了"生活教育理论"，重视做中学，实践中养成习惯。任何良好礼仪习惯的养成必须通过学生亲眼看、亲耳听、亲身实践，通过在多次感受和体验中反复积累，最终才能把外在的行为表现真正内化成稳定的心理品质，从而变礼仪行为为自己的内在需要。

1. 注重新生礼仪教育

《学生礼仪手册》的第一面是学校寄语，另一面是学生个人信息，第三面是学校的校风和学风，然后主体部分内容有小学生守则、小学生日常行为规范、学生分年段礼仪规范、学生一日生活常规等等，目的是让学生从踏入校门的那一刻起就开始接受学校的礼仪教育。而后，在接下去的两周新生入学教育中，我们的老师也以礼仪教育为重点，教育学生尽快成为一个讲文明懂礼仪的小学生。

2. 站好文明礼仪岗

为了让学校的礼仪行为得到延续和外化，使人人看得到，摸得着，由学校大队部组织人员设立"文明礼仪岗"。安排在学校大门口、楼梯口、教室门口等地值勤的学生，他们身背书有"文明礼仪岗"的红色绶带，主动向老师和同学敬队礼，说问候语。在特殊的节日，还有特殊的表示，如"教师节"赠每位老师一张小小的贺卡，"三八节"送女老师一枝康乃馨以表祝福，"六一儿童节"祝每一位同学健康快乐……遇到同学有困难时，礼仪岗的同学都会微笑着上去帮助；当遇到不文明行为时，他们又会上前轻声阻止……"文明礼仪岗"俨然是学校文明礼仪的一道亮丽风景，更是学生争相展示文明礼仪的生活舞台。

3. 充分利用班队活动

班队活动是各班开展德育教育的主阵地，班主任根据不同年级的礼仪要求，充分利用班级资源，开展极为丰富的班队活动，如《今天，我当家》《爱父母，从小事做起》……从队会前的活动开展、思想教育、队会的材料收集整理、队会的结构设计及内容串词的创编、学生的训练等等，班主任和班里的同学都付出了艰辛的劳动。队会内容来源于学生真实的生活现实，具体生动。

四、加强感恩教育，使"孝心"和"孝行"同行

古人说"滴水之恩当涌泉相报"，感恩是我们民族的优良传统，也是一个正直的人的起码品德。一个常怀感恩之心的人，必心地坦荡，胸怀宽阔，会自觉自愿地给人以帮助，助人为乐。为了让学生的心灵和行为和谐共生共长，孝心和孝行同行，针对现状，我们分别从以下几个环节有梯度地展开：

（一）采访调查，感知父母如山恩情

感恩必先知恩，中国父母对子女的爱大多深沉而含蓄，他们默默无闻地艰辛付出，却不张扬。其实，爱只有让孩子知道，才能激发起他们的爱心，引起他们发自内心更深刻的感恩情怀。通过引导学生采访调查等手段，让学生感知父母对自己的无私关爱。

1. 发现照片里的真情

引导学生回家翻看自己的成长照片，看着自己从哇哇啼哭的婴儿到牙牙学语、摇摇学步，再到帅气有型的少年，重温成长的点点滴滴，回忆成长的喜怒哀乐，以体悟父母的养育之恩。

2. 采访父辈的创业历程

"一粥一饭，当思来之不易；半丝半缕，恒念物力维艰。"出自朱柏庐《治家格言》这句话大意是说：即使一顿粥、一顿饭，也应当想到它来得不容易；即使半根丝、半根线，也要想到劳作的艰辛。然而在中国家长"再苦也不能苦孩子的"理念指引下，许多孩子根本不知道父母工作、创业的艰辛，花钱如水，不懂珍惜。引领他们采访、了解父母的创业历程，能很大程度地激起他们对所拥有的一切的珍惜。

3. 开展"我跟父母去上班"活动

现在的学生大多是在蜜罐里长大的，少有吃苦，不知道父母为了挣钱所流的汗水。因此学校组织让孩子们"跟爸爸妈妈上一天班"活动，让他们亲身体验父母劳动、工作的辛苦。因为我们大多数孩子的家长都是自己办厂，所以孩子们就跟着父母跑业务、运材料、联系企业，一天下来劳心劳力，学生用自己的眼睛、耳朵和心灵记录了这一切。而且，大多数孩子不只是看看、记记，也跟着父母劳动。劳动的滋味可想而知，进而让他们真切感受到了真实的父母心，从而内省、领悟父母的辛勤付出。

4. 体验"小鬼当家"

"不当家不知柴米贵"，现在的孩子过惯了"衣来伸手，饭来张口"的享受日子，对父母当家的艰辛理解不深。学校组织孩子利用双休日当一次家，要求从早上起床开始，家里的事情都由学生来处理，当然可以请父母做自己的"参谋"，将一天当家的经历写下来，并重点谈谈当家的感受，让孩子在实践中感知父母当家的不容易。

（二）知恩图报，感恩之情漾满身心

"鸦有反哺之义，羊知跪乳之恩"，在学生充分感知父母的养育之恩后，引导学生从情感上表达感恩之情。

1. 编辑感恩短信

每年定期在母亲节举行"学会感恩，祝福父母"短信评比活动。组织全体学生回忆生活中印象最深刻、最感人的细节，编辑感恩短信，以情激情，报答感激之情。

如三年级的顾逸楠小朋友编写的一条短信："在外吃大餐是快乐的，而在家里吃妈妈做的饭菜，却是无比幸福的。妈妈，您的养育之恩，孩儿永远铭记在心。"朴实的语言道出了深刻的真谛。

2. 邮寄感恩家书

把生活感悟与语文教学紧密结合，引导学生回忆生命历程中父母为自己所做的一件难忘的事，尝试着写感恩家书，引导学生写出自己的感悟，抒发自己的真情，从而表达深切的感恩之情。

在学生发出感恩家书之后，许多家长既惊又喜，极为认真地给孩子写了回信，信中表达了辛勤付出得到回报的无比欣慰。在各班组织的"感恩家书"汇报会中，发言的家长都动情地诉说自己收到信后的幸福感情。

如陈璇的家长说，在接到女儿来信的那一刹那，一阵暖流涌上心间，原本以为孩子还小，还不懂事，没想到孩子已经悄悄长大，会关心父母了；十年来为她牵肠挂肚，如今感到真欣慰。

（三）真情报恩，行动之中表心意

感恩不能仅仅挂在嘴上，而应落实于行动；感恩也不是非要做一番惊天动地的大事，而应从点滴小事做起，力所能及地从身边做起。我们除了引导学生为父母倒上一杯热茶、给爷爷奶奶捶捶背、吃饭不抢座等之外，主要通过三种活动载体体现真情报恩的心意。

1. 设立家庭"孝敬日"

学校把双休日设立为全校学生的"孝敬日"，要求学生在每个"孝敬日"至少利用一个课时做一些力所能及的家务和社区公益劳动，记上孝敬日记。如今年三八妇女节，五年级一班要求每一位学生在孝敬日里为长辈洗脚。蒋翼霞同学在《我帮妈妈洗脚》中写道："我端上了热水，把妈妈的鞋脱下，妈妈的脚很干燥，指甲很厚很厚，都变黄了。我轻轻地洗着妈妈那饱经风霜的脚，真怕把妈妈洗疼了。看着妈妈那一双干巴巴的脚，我的眼眶湿润了。'女儿，怎么了？'妈妈用极轻极轻的声音问。'没什么。'我擦干了将要流出的泪珠继续洗着，我把妈妈的脚洗了又洗，真想把妈妈的脚变回原来细嫩光泽而富有弹性的脚。"

2. 特殊节日表"孝心"

学校根据一些节日的特殊性，如"三八节""母亲节"等，围绕"妈妈，我爱你"这一主题开展活动，人人精心制作了一份"孝敬卡"作为礼物送给妈妈，并帮妈妈做了一件家务事。学校组织进行"孝心卡"评比，这些孝心卡制作细致、精美。通过孝心卡评比，让学生多与父母沟通，并亲身实践去体验孝道教育，养成孝德。新年前夕引导学生给父母写感恩家书，以"知恩——感恩——报恩"为主要线索，写写自己的感受和想法。结果很多家长收到孩子的来信都激动万分，连说孩子懂事了，知道孝敬自己的父母了。

3. 与父母一起结对助学

古人云"施人慎勿念，受施慎勿忘"，真情报恩，不仅回报父母，也要力所能及地回报社会。学校大队部组织开展"让我们都有一颗感恩的心"主题教育活动，为民工子弟学校伙伴献爱心，与父母一起结对帮扶民工子弟的小伙伴，为身患重病的同学捐款。活动让孩子们学会了关爱他人，关爱弱者，懂得了力所能及地帮助他人是一种责任，品尝到了奉献爱心的无限快乐。

自开展本教育活动以来，全校上下精神文明面貌焕然一新，第一，学生学会了感恩，懂得了尊重他人、友善待人。通过一系列国学启蒙教育实践活动，学生品行的表现有了一些变化，例如学生学会了常说感恩的话，当长辈下班回家或干完家务时会说"您辛苦了"，当长辈为自己辅导功课、做饭或做其他的事时，当到了其他人的帮助时，都会说"谢谢"等；勤做孝敬的事，吃饭学会了礼让，先长辈后自己，帮父母做力所能及的事，每周至少一次帮忙打扫卫生、洗衣服、做饭洗碗，为长辈倒水、洗脚、捶背等；平时能做到勤奋学习，自觉远离"网吧"，不强求长辈为自己做事情等；推广孝德，能积极参加社会公益活动，校园内外和谐的现象多了。学校的随机调查显示，有96%的学生能经常有礼貌地称呼长辈，有86.3%的学生能孝敬长辈，为长辈做一些力所能及的事情，能正确听从长辈的意见，会使用礼貌用语的同学占97.2%等。

第二，开创特色化德育，有效地推动了学校整体、和谐的发展。国学启蒙，弘扬中华传统美德教育为学校提供了更具体、生动、形象的德育教育内容，推动了学校德育内容特色化、系统化、科学化建设。学校的德育工作也因此上了一个新的台阶。探索从国学启蒙入手，通过经典熏陶，提高了学生对孝道的认识，让学生从内心深处对其给予了充分的认可与接受；通过学习实施礼仪规范，促进学生把孝道行为落实到了日常的学习生活中；通过开展一系列活动，巩固孝道行为，使之成为学生较为稳定的行为趋势，从而形成了品德教育的途径，并提供了一个德育教育成功的例子。

在实施孝道教育的同时，对学生进行良好行为规范的训练和良好学习习惯的训练，做到人人懂孝道、学孝行，个个扬美德、有美德，以美德规范学生的行为，把培养良好班风、校风、学风的教育活动落到实处。结合孝道教育，学校有步骤、有计划地进行了校园文化建设，有意识地创设孝道教育的环境；组织形式多样、生动丰富的各项活动，使广大学生在浓烈的校园文化氛围中接受孝的教育。家庭是孩子实践道德的第一场所，对孩子的健康成长起着非常重要的作用，因此，在抓好学校孝道教育的同时，必须以家庭为中心点进行社会实践活动。教育学生对父母具有孝心，从"孝心"逐渐延伸到"爱心"，从孝敬父母逐渐辐射到社会，服务于社区。坚持知行合一，在实践活动中来训练学生孝心、爱心的形成，把认知付诸行动，内化为品质。学校党支部、校长室十分重视全校教师尤其是青年教师的传统美德教育，把它作为师德教育的重要内容，形成师生互动的生动局面，让教师在自度度人的教育活动中大大提升教师的道德修养，率先做出弘扬孝道的表率。

虽然，我们在国学启蒙从"孝"开始的探索中取得了一些成果，但还有许多问题亟待研究，如怎样消除传统文化中陈旧腐朽的孝道理念的负面影响，如何对学生的孝行做出科学评价，如何处理好学校、家庭、学生和谐发展的关系等相关问题，有待今后在工作中做进一步研究。

小学生生态文明教育的实践与研究

周连莉

党的"十七大"第一次把"生态文明教育"写进了报告，标志着我国进入了生态文明建设的新时期。生态文明教育是将生态文明的理念渗透到学校的道德教育中，以促进学校德育工作的良性循环。它以培养小学生生态意识文明和生态行为文明为内容，以提高小学生生态文明素养，塑造健全生态人格，促进学生全面发展为目的，追求人与自然的和谐共生、人与家庭的和谐共处、人与社会的和谐共进，人与人的和谐共赢。

青少年是全社会生态文明教育的重点，在中小学广泛而深入地开展生态文明教育，使学生增强生态意识、养成文明习惯，自觉保护生态环境、节约资源和能源，维护良好生活环境等，对构建和谐生态校园具有现实而深远的意义。

虽然在我国中小学德育教育中环境保护教育也在不断加强，但面对建设生态文明的新形势要求，生态文明教育还只停留在环保知识、环保行为教育的层面，显得有些隔靴搔痒。调查小学生生态文明意识，主要现象有如下几点：城市孩子上下学70%是家长开车接送，平均每人每天吃完的零食袋（包括早餐）达五个，饮料瓶平均每人每天一个，值日生一天三打扫，公共场地垃圾、零食袋屡见不鲜，一个低年级学生一学期用铅笔达50支；更有一些不文明现象发生：有的学生在学校声言是"环保小卫士"，出了校门却唾沫飞溅、乱扔纸屑。如何把生态文明教育上升到生态文化、生态道德的高度，以引导广大青少年对人与自然的关系进行深入思考，进而养成一种自觉的生态文明行为，是一项极为重要而紧迫的任务。

从目前学校的实际情况来看，在生态教育方面存在着以下几方面缺失：（1）环境教育教材体系缺失、内容不完整，没有把环保教育作为基础知识的内容渗透到教育体系中；（2）缺乏专职教师，大多数教师在环保知识、环保技能和环保法规方面还比较模糊，影响到了生态教育工作的大范围开展；（3）讲解改善和保护生态环境的方法途径少，教育方法明显偏于简单、粗放，出现了理性说教多，学生情感体验少。

一、人与生态校园和谐共生——打造一个生态校园，营造生态文明氛围

（一）校园环境生态化建设

古人云"近朱者赤，近墨者黑"，就是指环境对人的感化、熏陶作用。学校的环境具有很强的教育功能，因此，我们精心设计、优化校园环境，把学校建成了最美、最绿、最净的场所。学校根据有关加强校园文化建设的精神和自身发展特点，确立了"生态文化"理念，明确了"科学设计、整体布局，彰显个性，形成品牌"的总体思路，以绿色文化引领校园文化建设，以幽雅和谐的校园环境陶冶学生情操，全方位打造"人与生态校园和谐共生"的校园文化。

落实并强化卫生扫除、检查制度，卫生区每日定时清扫并随时保洁，做到校内垃圾日产日清，垃圾箱外表清洁，无垃圾暴露，无卫生死角。

绿化校园，学校后勤部利用春季调整花木布局，搞好学校绿化工作，并赋予植物诗情画意，在绿化带的显眼处放置"小草青青，脚下留情""你珍惜我的生命，我还你一片绿荫"等富有诗意和人情味的护绿口号。让一草一木成为无言的老师，一墙一画都能传达无声的爱。

学校自主设计修建了假山、奇石、喷泉、池塘，养了金鱼。这些假山风姿绰约，美轮美奂，4月春意盎然，后勤部种花栽花，美化校园，使我校呈现出繁花似锦、绿树成荫、生机勃勃的美丽景象。

（二）校园文化生态化建设

校园文化是学校内影响和制约师生活动和发展的各种文化因素的总和，是一种无形的、巨大的教育力量。苏霍姆林斯基曾说："让学校每一面墙壁都会说话。"充分说明了校园文化环境对于育人教育的重要性。通过营造具有浓郁环保气息、积极节能的文明氛围，可以将生态文明教育渗透到学校的日常生活。这也是生态文明教育成功的重要基础，对学生的健康成长有着不可替代的作用。

1. 发挥学校宣传栏、电子屏幕等的宣传学习作用

通过宣传栏、橱窗，加强环保意识的渗透，如"珍惜生命资源，请节约用水"；通过电子屏幕滚动播放，播报我县每日城区空气质量状况即每日空气级别及污染指数。以宣传环保知识为专题的手抄报，以"生死家园"为主题的摄影展等，可以动员广大师生行动起来，拒绝白色污染，倡导绿色、低碳生活，共建和谐校园。

2. 发挥校园走廊的宣传学习作用

学校在校园走廊文化建设方面，坚持人文环境建设与绿色建设同步进行，精心设计，合理布局。校园"三长廊"是指健星楼设立的书画长廊、智星楼设立的诗词长廊、依托校园橱窗设立的德育图片长廊。"三长廊"与周围环境巧妙结合，又紧密围绕"生态育人"这一核心，形成了和谐统一的整体，真正做到了让学校的每一面墙壁都会说话，每一处流水都会唱歌，每一棵树木都会育人，每一个学生都能领悟绿色文化的含义。

3. 发挥校园音响的熏陶感染作用

和谐生态校园，不光有书声琅琅，还应该有歌声飞扬、琴声淙淙。《清晨》《乡间小路》《三月里的小雨》《让我们荡起双桨》诗情画意的乐声熏陶着每一个人。从清早到校开始，广播里便传来悠扬的歌声，宣布清凉快乐的一天到来了；午间校园广播期间，总回荡着激扬的乐曲，催人奋进；课外活动、大课间时间，教室里歌声此起彼伏，热情洋溢。

二、人与自然和谐共处——开辟生态文明教育"第二渠道"，强化生态文明意识

（一）以常规教育为"主渠道"，注重三个"结合"

1. 把生态文明教育与《小学生行为规范》相结合

良好习惯教育是提高学生生态素质的根本，"播下一个行动，收获一种习惯；播下一种习惯，收获一种性格；播下一种性格，收获一种命运"。要培养学生的生态文明意识，学校的生态教育应重视和小学生日常行为规范有机结合，这是加强生态素养培养的重要措施和主要手段。

《小学生日常行为规范》第14～15条规定："保护环境，爱护花草树木、庄稼和有益动物，不随地吐痰，不在课桌椅、建筑物和文物古迹上涂抹刻画，损坏公物要赔偿。"充分说明了养成学生良好的生态行为习惯的重要性。在当前的小学生中，高消费、奢侈现象层出不穷。部分学生用父母辛苦赚来的血汗钱买了名牌衣服，还经常要求父母上餐厅吃饭，大摆生日宴。学校结合《规范》第八条：爱惜粮食和学习、生活用品，对学生进行了生态消费方式教育，倡导他们学会节约用钱、支出有度，合理消费。

2. 把生态教育与特殊的"纪念日"相结合

结合一些特殊的纪念日，比如"世界环境日""地球日""世界水日""无烟日""植树节""爱鸟周"等特殊纪念日进行生态文明教育。在这些纪念日来临之前，让学生去查阅有关纪念日的来源、确定的时间以及世界各国为此纪念日已经或将要举行的活动，同时要求同学们思考"我"能为这样的纪念日做什么。

3. 把生态教育与"生态环境灾害"相结合

近年来，我国发生了一次又一次极为反常的生态灾害，如2008年5月12日的汶川大地震和2010年4月14日的青海省玉树地震，大地颤抖，山河移位，满目疮痍，生离死别；2008年春天，南方遭遇半世纪一遇的大雪灾，2009年"莫拉克"台风所到之处，一片狼藉，泥石流频发，道路被毁，桥梁坍塌，农作物受损，数百人为此付出了生命代价。生态灾难作为大自然的报复已经展现在人们面前，必然会引起我们的沉重思考。

针对这些活生生的事例，班主任们在学生中开展了"保护生态环境，从我做起"活动，意图使学生养成良好的生态行为习惯。关注生态大自然，就是关心人类自己；为生态平衡出力，可以从我们身边的点点滴滴做起。

（二）以学科渗透为"主渠道"，注重六个"利用"

国家环保总局编制的《中国环境保护二十一世纪议程》指出，应"在普通中小学开展环境教育，强调把环境科学知识渗透到相应的教学之中"。我们鼓励各学科教师挖掘教材中的生态文明教育资源，着力寻找相关结合点和渗透点，不断创新教学模式，有计划、有目的地渗透生态文明教育的知识、理念，在教育过程中注重"三化"，即渗透角度起点低，注重潜移默化；渗透时遇景激情，注重生动化；渗透形式注重师生互动化。

1. 利用语文课教学，宣传环保教育

在语文课时，注重利用阅读教学、作文教学进行渗透。如在教授《我爱绿叶》时，引导学生围绕"我为什么爱绿叶？"这个问题展开讨论，小结绿叶的作用：可以制造氧气、制造有机食物，阻挡风沙，阻挡洪水，吸收噪音……在学生对绿叶作用有了初步认识后，教师随机插入一个话题："1998年，长江发生了百年罕见的大洪灾。江泽民主席倡议在全国开展'保护母亲河'活动，在长江、黄河两河源头一带建立保护林，到现在那里已经树木成荫，长江水也比以前更清澈了，黄河也不再断流了。这一切都是什么在起作用？"学生异口同声地说："树木。"教师再次引导："小学生是祖国的小主人，我们又应该如何保护环境呢？"使学生在讨论之中受到环保教育，并掌握一些环保知识。

2. 利用数学教育资源，渗透环保教育

在小学数学应用题的素材来源中，有50%以上的应用题材都包含了环保教育内容，充分利用这一环保教育素材，让学生在读数、写数、计数中了解人类面临的严重环保问题。如回收箱里有35节旧电池，我要放进七节，回收箱里现在有多少节旧电池?(第二册)植树节到了,如果每行植四棵树,共植了三行,同学们一共浇多少棵树?(第三册)同学们收集矿泉水瓶,第一周收集了180个,第二周收集了340个,500个送一次,现在够吗?(第四册)

3. 利用美术课主题,渗透环保教育知识

美术教材中有《树和鸟》《花儿遍地开》《窗外的景色》等内容,教师在教学时除了让学生画树、鸟、花儿和窗外的景色外,还可向学生渗透环保知识,请每个学生在一星期之内寻找有关知识,在下节课前上交树木的作用,鸟儿的作用,以及树木与鸟儿的关系,从而使学生养成爱树护鸟的习惯。

4. 利用手工劳动内容,渗透环保教育知识

手工劳动课教材中有《纸盒沙发》《做笔筒》等课文,而这两课要用到的材料是被扔掉的牙膏盒和药盒,教师在教学时,可抓住时机有意识地向学生进行环保知识教育,然后再指导学生利用生活废物品做工艺品,让学生识认垃圾、废物也是资源。

5. 利用自然科学课知识,宣传环保教育

自然科学课更是环保教育的主战场,例如《树》一课,告诉学生一棵树的含义非常广泛,如它每天从根部吸收水,并输送到叶子中,在那儿挥发掉;它有储水器的作用,它的根部可以在雨水流进地下时,进行过滤;它对气候起平衡作用;它有保护土地的作用;它是无数动物的生活场所;它每天生产许多我们必不可少的氧气……从而通过教育使学生认识到保护树木的重要性。

6. 利用班队课主题,宣传环保教育

教师可以开展《生态宁海之我见》《还颜公河一片绿色》《走进前童古镇》《我和东山桃园有个美丽的约会》等主题班队活动课,让学生在活动中学会环保、了解环保、参与环保,做到语言和行动相一致。

三、人与人和谐共进——深化德育教育"四阵地",构建和谐生态校园

和为贵、谐为美,生态文明建设还包括人与人之间和谐共处。人与人互相尊重、互相感恩,我们的人际关系才能充满喜悦、充满团结与和睦。和谐就是一个甜美的微笑,一个善意的举动,一句温馨的话语,我们的生命需要和谐,我们的生活需要和谐,我们的校园也需要和谐。

(一)在班队会中培养学生良好品德

学校组织各班开展《弘扬雷锋精神,创建和谐校园》班队活动,通过"读雷锋日记""听雷锋故事""唱雷锋歌曲""颂雷锋赞歌"等,培养同学们助人为乐的美德,使美好的道德品质、道德行为在同学中蔚然成风,促进了班级同学与同学的和谐,同学与老师的和谐。最后辅导员老师呼吁:"学习雷锋,从我做起!"并要求同学们将班队会的精神转化为实际行动。

(二)在"主题教育"中培养学生健康人格

主题教育是学生喜闻乐见的一种实践教育形式,主题教育从当前学生生态文明薄弱点来寻找教育主题。学校为此制定了以"生态环保"为基础,以"健康人格发展"为主线,以生态文明意识和生态文明行为为导向设计的主题活动计划,从学生的生活、学习出发,以主题式活动来调动学生的认知,实践的主动性和实践潜力,在创建生态校园的历程中寻找内容,力求使活动内容"生活化"。

少先队大队部倡议同学们要做个文明的学生,从"说文明话"开始做起。于是,我们确立了一个叫"红领巾说文明话"的主题,不说一句脏话,不吵一次架。

大队部在校园里发起"米老鼠爱大米"主题教育,午饭时间,可爱活泼的"米老鼠"向大家宣传:"吃多少,打多少!""盘中粒粒皆辛苦!""爱惜粮食,从我做起!""生命诚可贵,粮食价更高!"等宣传语,呼吁同学们节约粮食,从我做起。对于"光盘"的同学,大队部会发一张"好习惯"行为卡,以奖励他的好行为。

"〇食行动":为了还校园一个美丽清新的绿色,学校开展了一个主题教

育，叫"○食行动"，希望同学们能认识到吃零食的危害，还同学们一个美丽温馨的校园。活动的主要内容有：禁止吃零食　还校园清洁；吃零食的危害大；拒绝零食倡议书，要求同学们拒绝零食、保护环境，勤俭节约，靠我们的双手创造出一个美丽清洁的校园来。

"猫步行动"：为了减少噪音、避免同学们上下楼梯发生冲撞，进而形成一个文明、有序的学习环境，学校要求每个同学上下楼梯要向小猫一样静悄悄地走；上下楼靠右边行走，前后要保持一定的距离，不并排，不跑跳，不追逐打闹，不把扶手当滑滑梯；在走廊上行走时，要轻声慢步，不大声喧哗、追逐打闹。

（三）在少先队活动中培养生态世界观

少先队活动是少先队组织团结、教育少年儿童，促进他们主动活泼地全面发展的重要途径，更是一个全面育人的广阔课堂。要培养少先队员们的生态世界观，就要把生态教育与少先队活动紧密结合起来。

"低碳环保谢师恩，创意手工表心意"教师节活动：在教师节当天，大队部提出了"低碳环保，崇尚节约"创意手工主题活动，旨在以特别的形式庆祝教师节。它们中有用易拉罐做成的栩栩如生的铁皮画，有用废旧饮料瓶做成的漂亮又实用的花瓶，还有用旧纸盒、碎布头、旧报纸等做出的充满创意的手工艺品，都是小朋友"用心"制作的感恩的礼物。

"节能减排，争做环保小卫士"——3.12 植树节倡议书：3.12 植树节是一个营造绿色环境、期待绿水青山、呼唤人们爱护环境的特别日子。在植树节来临之际，全校向全体同学发出倡议书，要他们播种绿色，播撒文明。我们相信有了道德的阳光，绿树才会常青，让我们一起努力，使我们的天更蓝、地更绿、水更清！

"低碳生活迎新年"倡议书：在寒假开始前，学校向全体家长发了一张"低碳生活迎新年——我承诺，新年春节，我选择过低碳生活"倡议书，倡议春节期间家长少放一串鞭炮，少喝一次饮料或不喝，减少粮食浪费，出门拜年少坐一次私家车等。从同学们的日记中看到，活动收到了较好的效果。

寒假活动——"今天我当家"与"变废为宝"：大队部提出了当一天"家长"活动，要求同学们掌握一些家庭生活技巧与敲门，学会节约用水、合理用电、循环使用餐巾纸，变废为宝，将家中的废旧物，如旧衣物、旧书报、旧玩具等重新组合，结合生活实际，设计制作一件简单的工艺品或科技小作品。

（四）在少先队竞赛中培养生态世界观

"小发明、大智慧"比赛：环保科技小制作、小发明一直是深受广大小学生喜爱的一项科技活动，"太阳能电动车""环保型小家居""魔幻水世界"等一个个科学、环保、实用、美观的作品体现了同学们独具匠心的设计与制作。

"低碳服装"我秀我自己：学校开展了"环保服装"，我秀我自己活动，使同学们穿的每一件衣服都是老师和同学们亲手缝制的。他们用废弃的旧报纸、一次性餐布、废弃的光盘制作成了各种各样漂亮的衣服，提倡同学们活动时所穿的服装以环保、低碳为主，还要求做得有创意、美观。

《低碳新生活》作文竞赛：学校布置了一个任务，要求三至六年级同学参加《低碳新生活》作文竞赛。《'低碳新生活'茶话会》讲述什么是低碳；《挑战'更年期'》传递了一家人改变陋习过"低碳生活"的决心；《低碳生活》叙述了从我做起，从小事做起，去拯救岌岌可危的生活环境……

"低碳行动——生死家园"摄影评比："低碳行动——生死家园"摄影评比，号召同学们用镜头去发现、记录我们身边所发生的环境变化，以唤起全社会对于日益严峻的环境的思考，引导大家加入到低碳生活和环境保护队伍中来。

四、人与社会和谐共赢——推进校外教育实践"八依托"，提高生态行为能力

生态行为能力是生态文明教育的落脚点，是学生生态文明素养的集中体现。生态的观念、情感只有转化为行为，才能使其意义更为完善。从这个意义上讲，生态行为文明才是真正的生态文明，生态行为能力是生态意识文明和生态制度文明的表现。.

实践是检验真理的唯一标准，要为学生创设生态实践机会，引导学生积极投入到建设生态文明的社会实践中。学校积极推进校外教育实践"八依托"，以提高生态行为能力，促进人与社会和谐共进。

（一）依托"生态教育基地"，提高生态行为能力

在校外，学校在"欢乐佳田"设立了绿色劳动基地，使学生有了实践的乐园。每年的植树节，我们都会开展以"小树伴我幸福成长"为主题的生态活动，引导大家每人领养一棵小树，为小树浇水。每当刮风下雨，领养的同学们会为小树固定支架；在寒冬来临前，同学们会为小树穿"冬衣"。他们还会撰写小树成长观察日记，分享与小树一起成长的日子。

（二）依托开展研究性学习小课题，提高生态行为能力

1. 确定主题：同学们发现最近颜公河河水黑臭、污染严重，破坏了城市容貌和附近居民的生活。于是，经过商定，同学们确定了《颜公河的恶臭是谁惹的祸》这一主题。

2. 选题策划：在老师的引导下，同学们提出自己想要研究的内容：颜公河畔为什么这么臭；寻找附近的污染源；采访附近居民对颜公河的反应；调查颜公河下的石头为什么会"生锈"。

3. 自主探究：学生个人或分小组按研究专题进行探究性调查。同学们有的上网搜集有关河道污染的原因，有的到图书馆查阅资料，了解长期污染的河水对人体的危害，有的走访身边的人，调查他们对颜公河被污染的态度。

4. 交流展示：学生自主组织在班队课开展辩论赛——《河道污染是谁惹的祸》

5. 活动反思与延伸：同学们通过调查、寻访县环卫局的叔叔，找到了环境污染的根源。

（三）依托角色模拟，提高生态行为能力

自从学校创建生态文明校园以来，学校社团组建了一个"红绿法庭"，

即红领巾绿色法庭。通过活动，使普及法律知识、节约资源、保护环境行动从我做起、从娃娃做起、从每个家庭做起，让学校教育走向社会、走进家庭。

"红领巾绿色法庭"采用拟人化手法，让学生分角色模拟原告、被告、审判人员。在法庭上，被告主要是人类，其他动物、植物、污水废气、垃圾、文物等成了原告。在审理过程中，原告、被告当庭申诉、陈述理由，证人证词样样俱全，"小法官"根据审判程序及相关法律条款，给被告定罪，还原告公道，以警醒人类，不要做破坏生态环境的事。整个过程既有法院工作人员参与，又有师生旁听，大家团结协作，使少儿自编自演的"模拟绿色环保法庭"运转得绘声绘色。学生运用法律知识熟练自如，过程清楚，证据确凿，定罚合情合理，教育意义重大，为学生学习运用法律知识、保护环境提供了一个实践的平台。

（四）依托组织采访学习，提高生态行为能力

大队部组织生态环保记者团到兴海污水处理厂开展"环境保护"采访学习活动。小记者们在老师的带领下到兴海污水处理厂，深入了解了兴海污水处理厂污水处理全过程，接二连三地抛出了一系列问题：

"污水对我们的生活健康有哪些危害？""经过污水处理厂处理的水将达到什么级别？处理了的水可以直接饮用吗？""污水处理厂怎么像公园？""烟囱排出来的烟为什么是无色的"？

（五）依托组织参观调查，提高生态行为能力

国华宁海电厂是国家重点工程和浙江省"五大百亿"工程的大型火力发电厂。公司本着节约、环保、和谐的理念，在发电过程中确保烟气脱硝，且脱硝率不低于80%，从而引起了课题组的兴趣。学校"实践小队"的几个队员对国华宁海电厂进行了实地参观调查，发现国华宁海电厂是一个安全、经济、环保、和谐的具有国际一流水平的火力发电厂。

（六）依托社区服务，提高生态行为能力

教育需要延伸，生态教育同样也需要延伸，让生态教育从校内扩展到社

会，结合社会资源和地方优势共同培育学生的生态意识和生态素养。学校号召学生走上街道、走进小区，设点宣传环保知识，如成立环保假日小队，利用周末在社区内开展"环境保护小手拉大手活动"；在家庭里担任环境保护监督员，倡导垃圾分类放等。

（七）依托"亲亲大自然"体验模式，提高生态行为能力

本着"育人为本"，培养学生生态意识与环保能力的目的，学校每年都要结合学生实际，精心组织开展与教育教学内容有关的"热爱家乡亲近自然"实践活动。如到公园"找春天"，主动帮公园拾垃圾、打扫清洁卫生；参观"十里红妆"，游览"前童古镇"，参与"欢乐佳田"果蔬采摘，领养"东山桃树"等。

（八）依托"亲子模式"，提高生态行为能力

生态文明教育是一种终身教育，教育的整个过程贯穿于人生的各个阶段。家庭作为最基础的教育发生地，是教育的摇篮。对于小学生而言，家庭是他们生活的第一个生态环境，家长是小学生的第一任老师。在家庭教育中，家长对子女意识的培养往往具有潜移默化的影响，对其行为的养成也存在巨大的示范作用。因此，家庭教育是实现生态文明教育的有效途径。积极倡导父母树立"绿色"理念，可带动父母加入到环保大军中来，以便营造良好的绿色家庭环境。如以"绿色让我们环保"为主题，制作"DIY 环保服装秀"、设计"亲子书签""家庭环保手抄报""两代人的环保交流"征文、"亲子同环保""小手牵大手，文明网上行"等系列亲子活动，对孩子们生态文明习惯的养成，具有重大意义。

家·校·社三联共育

陈彦秀

  在教育多元化的今天，家长不同的职业背景、先进的教育理念和成功的育儿经验都是促进孩子们全面发展的有益补充。家长是学校重要的合作伙伴，也是学校课程的参与者。家长身上蕴含着丰富的教育资源，要充分挖掘这些资源，使之为教育服务，定能收到良好的教育效果。

  我校在《星海小学自主发展三年规划》中提出了"以学生为主体，学校、家庭、社会三位一体，密切配合"的教育思路，在教育活动中一直探寻一种合理、有效的助教样式。在学校实施课程改革、全面开设拓展性课程的今天，学校的师资力量捉襟见肘。孩子的教育不只是学校的责任，更是家庭和社会的责任，学校的发展离不开家长的支持和理解。"家长进校园"有利于促进星海的孩子全面个性地发展，促进家校共育，满足广大家长朋友关心教育、参与管理、热心公益事业的美好愿望。

  星海小学家长助教参与课程改革活动主要有以下四种形式。

一、家长护苗队：小手拉大手

  每天上午上课前半小时和下午放学后 40 分钟，在星海小学附近，总有四五名家长挂着红袖章，头戴小红帽，手拿小红旗在学校周边执勤。这些家长都是学校"家长护苗队"成员，通过自主自愿报名，老师对其进行培训后上岗，学校周围 500 米的距离，都是他们的服务范围。家长护苗队志愿者提醒家长开车送孩子到校即停即走，有效缓解了校门口的交通压力。

在校门口乱停车、乱掉头所导致的交通拥堵，给学生正常上学带来了不小安全隐患。这个问题是大家一直高度关注的，学校提出"辛苦一天，放学一年"家长志愿者活动，得到了家长的一致响应。他们积极参与维护校门口道路的交通秩序，护送学生安全过马路。爱心一小天，放心一学期！家长护苗队通过"小手拉大手"，让家长在接送孩子上下学时互相影响、互相教育，实现了家长的自我管理和自我教育，既保障了孩子上学安全，又缓解了学校门口的交通拥堵，筑起了学校门口的安全带。

二、家长进校园：代理班主任

家长代理班主任，走进班级日常管理，可体验班主任的工作，协助管理班级事务。此活动由星海小学二（2）班班主任冯静亚老师率先实行。冯老师经过选拔，定下三位家长轮流进校园，成了"代理班主任"。

"今天，我着实体验了一把当老师的感觉。一天下来，我才发现做一名班主任，尤其是一名能得到家长夸赞、又深受学生喜欢的好班主任，真的是非常不容易！"星海小学二（2）班葛俊希妈妈的一番助教感言，获得了全班家长的集体点赞。

代理班主任？怎么回事呢？

原来，新学期开学时，初二（2）班班主任冯静亚老师要送女儿去北京报到，女儿未满 18 周岁，又是第一次出远门，冯老师放心不下；但学校刚刚开学，班级事务繁忙。正当冯老师左右为难之时，有位"家委会"成员提出："冯老师，要不让我们家长助教来代理班主任？"经冯老师沟通，顾校长点头称赞值得一试。

于是三位家长助教安排好时间轮流进了校园。家长们都尽心尽责，班级在家长助教的管理下有条不紊。开学典礼上有小朋友中暑了，李青筱妈妈让班级的副班主任管理班级，自己立马带孩子回教室，进行了相应的降暑处理。二年级的孩子比较调皮，细心的葛俊希妈妈发现有学生的脚趾甲受伤了，便马上带着去医务室进行了包扎处理。

一天下来，家长百感交集。李青筊妈妈写道："当了一天班主任，让我有种累但快乐着的感觉。对于家长来说，这是一项值得体验的经历，因为我们可以看到孩子们完全不同于在家的一面——勤奋、努力、乖巧、懂事以及对同伴友爱、热心。同时我们也深刻了解到老师为了我们孩子早日成才所付出的心血和汗水。这次体验让我心里充满了对老师们的感激之情：谢谢你们，敬爱的老师！谢谢你们为我女儿的成长所付出的一切！"

这些热心的家长助教不但体验了班主任工作的艰辛，更促进了家校共育理念的实施。"家长助教"是星海小学在开展拓展性课程过程中，为解决师资短缺问题而进行的一项探索尝试。让一部分富有爱心又有空暇时间的高素质家长走进校园，参与学校社团的教学与管理，可以充分发挥家长的"桥梁纽带"作用。

此次冯老师班级的爱心助教活动创新性地让家长走进班级日常管理，体验班主任的工作，这在星海小学是个创举。"只有家长才能一心一意顾着班级，其他代课老师也有自己的班级，加之开学初期，老师们都很忙碌，不好意思麻烦大家，所以才出此下策！"班主任冯静亚老师笑着说，"都是一些家委会的热心家长哟！对她们来说也是一种别样的经历，看自己的孩子也会更立体些！"

三、家长助教参与拓展性课程

"家长助教"是星海小学拓展性校本课程"星星社团"的一部分，目的是为了帮助解决师社团资短缺问题。每周五下午的星星社团时间，自愿报名的家长助教走进校园，或协助教师授课，或发挥自己的一技之长进行授课，或组织小组活动。家长进校园参与拓展性课程，参与学校"星星社团"的教学与管理，可以增强家校之间的了解，有助于"家·校·社三联共育"。

冬至来临，为了让老人感受冬至的气氛和社会大家庭的温暖，12月17

日上午，星海小学面点社团到白峤村老年协会开展了"冬至送汤圆，情暖老人心"敬老志愿活动。社团成员们和家长志愿者早早便来到活动现场，在面点社团负责人张汕珺老师的组织下，大家被井然有序地分成了四大组，并做了合理地分工。在"家委会"成员的帮助下，孩子们纷纷开始着手准备，在洗工具、揉面粉、备馅料、搓汤圆、煮汤圆等各项环节完成后，孩子们又分成了几支小分队，挨家挨户地为老人们送去了汤圆和温暖。拿到汤圆的老人们连说"谢谢"，表示自己非常感谢此次"冬至送汤圆"活动。这样的活动不仅在寒冬中为老人们送去了温暖，同时也是对传统民俗文化的传承，更是当代青少年弘扬尊老敬老这一传统美德的实践。

四、家长助教参与社会实践活动

家长参与社会实践活动，共建"无围墙校园"，例如"小星星送爱心"社会实践活动，家长志愿者和孩子一起献爱心，送平安，看望患病孩子和孤独老人，给城市美容师环卫工人送苹果，致敬医生、白衣天使、公交车司机……给过年期间仍在辛苦工作的工作者说一声辛苦，道一声祝福。"我们教育孩子今后要做一个传承爱心的人，让人人都能感受到社会大家庭的温暖。"星海小学的志愿者家长说。

再如星海小学三年级十岁庆生活动——帐篷之夜，由"家委会"组织各班家长送上精心准备的美食，举行自助冷餐会，家长代表讲述孩子成长的故事。妈妈们分享怀胎十月的经历，让孩子们懂得感恩父母、回报真情；随后，家长与孩子共搭帐篷，孩子们进行操场集体露营。

新学期伊始，"家委会"和星海小学组织开展了"执子之手，共享自然"亲子"毅行活动"。在开学的前一天，学生与父母一道，用"行走"的方式来践行绿色、健康理念，也表达了"大步迈向新学期"的美好心愿。活动分成"高低"两个年级段参与，一二三年级的同学参加"三公里亲子毅行"活动，四五六年级的同学将在校内进行1.5公里慢跑。家长们纷纷表示，这次活动非常有意义，不仅锻炼了孩子们的意志，还极大地增强了孩子与家长的情谊。

　　星海小学的家长助教进校园，是向与社会共建"无围墙校园"迈出的第一步，促进了家校共育，同时也满足了广大家长朋友关心教育、参与管理、热心公益事业的美好愿望。

　　"家长进校园"这种新型的家校共育方式，有利于充分挖掘和展现家长的资源优势和特殊才能，满足学生知识经验积累和身心发展的需要，促进孩子的全面和谐发展。"家委会"成员带领孩子欢度重阳节，情暖夕阳心。孩子们亲身体验了"尊老、爱老、敬老、助老"，进一步弘扬了中华民族的传统美德。

　　星海小学家长助教参与课程改革的融合模式紧紧围绕"家长助教与课程融合"，在"请进来"和"走出去"的活动形式中充分整合资源。"请进来"融合指把家长助教请进校园，利用他们的职业、兴趣、爱好、专业优势等，参与学校课程融合开发；"走出去"融合指和家长助教走出校园，运用社会资源进行教育，以促进学生身心全面和谐地发展。

　　家长助教参与学校课程建设具有十分重要的意义，首先，对教师的教育教学能力、文化专业素质、沟通交流能力提出了新的要求，能促进教师的专业成长；其次，对学生而言，让其有了更多的互动交流机会和自我表现空间，能以更宽、更高、更广的视角了解社会，拓展知识面；最后，对家长而言，可以享有更多的知情权、参与权、监督权，提高了他们的育儿技能，使亲子关系更为融洽。星海小学"家委会"换届选举一年一次，所有"家委会"成员由家长自荐，教师和家长推荐的方式选举产生。"家委会"工作的有序开展，推进了星海小学"家委会"制度和职责的进一步完善，使"家委会"真正起到了监督、管理的作用，并进一步促进了家校互动的良好态势。此外，家长由此对于教师的工作更加理解和支持，与教师建立起了平等融洽、相互信任的关系。这种立体化的融合方式，为学校、家庭、社会教育合力提供了一条切实可行的途径，使家庭、社会资源更加优化。

02

｜ 案例篇 ｜

借我一双慧眼

借我、借我一双慧眼吧！我想借这一双慧眼，去发现学生的多彩世界，发现孩子的闪光点，并敞开关爱的胸襟去表扬他、鼓励他，哪怕是一个眼神，一个微笑，一个动作，一句暖心的话语，使德育如春风化雨沁人心田，让学生热爱生活，关爱别人，自信、健康、快乐地茁壮成长。

"闪光激将法"治班级"小偷小摸"

——一个案例引发的思考

冯静亚

　　班主任工作复杂而琐碎、艰巨而繁忙,笔者认为,做好班级工作绝非易事,最犯难、最棘手的是失窃事件的处理,这类"小偷小摸"行为实在让班主任头疼。大多数班主任都会站出来批评学生,跟孩子讲一番道理。批评轻了,学生不予理睬,依然我行我素;批评重了,有可能伤害孩子的自尊心,从此和老师对着干。

　　苏霍姆林斯基说:"教师应当把自己的爱心分给每一个学生,在教师的心中应当有每一个学生的欢乐和苦恼。"没有爱就没有教育,作为人类灵魂的工程师,只有拥有一颗爱心才能教育好学生。作为班主任只有热爱学生,特别是尊重、爱护、信任学生,使学生能够真正感受到来自班主任的温暖和呵护,班级管理才富有实效。我是这么想的,也是这么做的,且收到了很好的效果。

　　案例描述:五年级时,我班发生了一起偷窃事件。午饭后,施同学带来的 50 元钱放在课桌的文件夹里不翼而飞,他的同桌葛某某跑到我办公室报信。我问他都有哪些人了解此事?他回答:"我也不知道。"我一看课表,周二的中午及下午我在班级没有课。我在大脑中盘算着如何处理这事,就先把施同学叫来批评并安抚道:"首先表示同情,你丢失了 50 元钱;其次是批评，从去年9月1日到现在我三令五申不能带钱到学校，在校要用钱向我要，你忘了？你给别人提供了犯错的机会，让有贼心的人滋长了贼性。从这点讲，你丢钱是自找的！"施同学忙不迭地说："冯老师，对不起，我给您添麻烦了！我也不打算找回来了。"看着那么懂事、乖巧的女孩子，我不免心疼起来：这孩子父母离异又分别重组家庭五年了，幸亏她较外向，现在又大多独自一个人在家，自理能力全班第一。这次她带钱来是为了给她后妈的妈妈过生日，打算买蛋糕祝贺的，孝心、爱心可鉴。于是我决定试试那一招。

放学时间到了，我去教室布置完作业后，郑重地对大家说："我们班有个人搞恶作剧，把施同学的钱藏到了你的书包或柜子里了，麻烦大家仔细找一找，不要被他得逞哟！"于是大家纷纷找了一番，连柜子也翻找了，个个都说没有。我一看，乘接送车的时间到了（我们是城郊学校，孩子很多乘接送车来去，过点就没有车了），于是对大家说："那么匆忙是很难找到的，因为是一张纸币，也许他夹到你的书本里了，回家再仔细找找吧，这张纸币上肯定有那个孩子的指纹印，那是灰暗的，也会有你发光的指纹印，对吧？明天记着一定还给失主哟！那样你的心灵就更加明亮了，否则你的心灵便会蒙上尘埃，一辈子都要内疚的。你们是孩子，犯错是正常的，只要知错及时改就是令人尊敬的好孩子。记住：千万不要让那位搞恶作剧的人得逞哟！"于是乘接送车的孩子排队走了，留下的孩子完成了任务也都打道回府了，教室里只剩下我、郑同学、值日生和施同学一桌。有个孩子问我："冯老师，你不是说学校到处有监控吗？你可以调监控看看呀！"我应声答道："这多不好？那个孩子会觉得抬不起头的，让他自己改过，悬崖勒马岂不更好？"转念一想是呀，我曾经跟他们讲过，新学校监控比老师还多呢，要注意自己的形象哟！目的是让学生自律。最后教室里只剩下我和葛同学了，葛同学曾经在我办公室里信誓旦旦地说放学前能帮同桌把钱找回呢，我以为他有什么苗头。刚好，葛妈妈来接他了，我就把事情一五一十地讲给她听。当时教室里只有我们三个人，我们正谈着话，那边传来郑同学的声音："那钱找到了！那钱找到了……"声音由远而近，看到他跑进教室，我忙问："在哪里找到的?""门卫那儿!""别人捡到的吗?""不是,我在门卫等爸爸接,书包放在门卫柜子上和同学在天井玩,后来我拿书包时,看到钱在我们的书包之间呢。""找到就好,可喜可贺哟!"我欣慰地说道,这有惊无险的场景令人欣慰。第二天,刚好是"学雷锋日",我大大夸赞了全班同学一番,"你们真不愧是星海小学的学长,个个心灵放光彩。俗话说得好,没有最好,只有更好。孩子们继续加油哟!为我们的心灵再次放光,给自己鼓掌!"师生长时间鼓掌庆贺。

这招叫"闪光激将法",需要师生之间长期的互相尊重和互相信任为前提,否则很难奏效。

说他们"偷"东西是一个打击,孩子或许会因此背上一个沉重的包袱,心里从此埋下阴影,结果很不好!类似的事情,低年龄段尤其多。我曾经教低段孩子,发现现在的孩子最会"顺手牵羊",我想他们可能是看见自己喜爱的东西,父母不肯买;也可能是为了看看别人漂亮的东西而忘了还给别人……小孩子还不清楚这种行为的卑劣之处,即使孩子明明是偷了别人的文具,我也不说这是偷,而要对孩子们说"×××把文具放错地方了"或"他捡到了还没来得及上交或还给你"等,这样把东西还给失主,给那个孩子台阶下,不让他失尊严。否则他会矢口否认,硬说这是他自己的东西,你也无可奈何;甚至有做记号的都被涂改掉写上了自己的名字。如果我们给他台阶下,事情就会迎刃而解。让拿错东西的孩子对另一孩子说声对不起,事后要表扬这个孩子的诚实和认错的态度。"金无足赤,人无完人",我觉得要给孩子改错的机会,不要因为行为而否定了他,否则他会在同学面前抬不起头。教师要以一颗包容的心对待每一位学生,允许孩子犯错,贵在知错就改。

所以,作为班主任,在班级工作中难免会遇到学生犯错的时候,一定要冷静对待,控制情绪,切勿冲动地把学生"一棍子打死"。要时刻相信学生,相信他们一定会进步,改掉缺点,要随时以积极的期望去对学生进行潜移默化的影响,从而使他们有所进步。这些问题学生的转化,不是一朝一夕就能做到的,我们应做好长期准备。谁都有做错事的时候,尤其是孩子,我觉得我们应多给他一些机会，千万不要将这些事公布于众，因为孩子的心灵是需要我们去呵护的。

当然，在对孩子进行这方面教育时，同样要注意方式方法，不要伤害孩子的自尊心，不能激发他们的对抗和报复心理，或使其产生对自身的厌恶感，从而失去自信。我们要针对事情，而非人本身，明智的教育既能使孩子改正自己的不良行为，又能使他们树立正确的道德观，保持良好的心态，增加对别人的关心。

我觉得杜绝此类事情必须从源头做起，日渐督促，直至形成习惯。

每到新学期我就会公开宣布，在校期间不能带钱，要用钱向我借；谁带钱丢了不但要后果自负，还要批评惩罚，因为你给别人提供了犯错的机会。宣布后每天到教室问："今天谁带钱了？请同学互相提醒、督促。"一周后可每周一提醒一次，一个月后再偶尔提醒。期间若有此事发生，则应严肃惩处，直至形成定性。我一直担任高龄段班主任，每届试下来都有效。这种方法实行后，到六年级偷窃事件基本消失。

师爱是我们教师工作永恒的主题，教书育人不能没有爱，爱的教育不能没有艺术和智慧，只有融入教育智慧的师爱才是对学生真正的爱。在教师眼里，人是有差异的，每个孩子身上都有不同的特点；但作为教师，尤其是那些班主任老师，不仅要爱聪明、优秀的学生，也要爱那些特殊的学生。每个孩子都是可塑的，只要你真诚地对待他，他就会用真心来回报你。尤其是所谓的差生，我们在他们身上花的时间、心思越多，得到的回报也就越大，会让你觉得以前所用的心思都值得。是的，教育是"慢"的艺术，需要我们老师"耐心等待，耐心等待，再耐心等待"。让我们的孩子今天幸福，明天更幸福。

未投出的一票

华怡慧

一、导语

班干部的常规选拔，最后的决定权往往都会落在班主任身上，更何况对于二年级的小学生来说，班主任的一言更是起着决定性作用。但我们似乎忘了，在他们内心，民主、平等的观念已经开始萌芽，当孩子提出的时候，作为成人我们又有什么理由不尊重他们的意见呢？

二、背景

在二年级第一次班干部选举中，卫生委员的竞选出现了平票局面。

三、事件

二年级刚刚开学没几天，我就在酝酿着在班级里面选几个"小官"，一方面可以培养一部分热心班级工作并且管理能力较强的小干部，另一方面也能够帮助我分担一些班级事务。经过一年来的相处，我心中暗暗对每个学生的性格，特别是有没有能力胜任班干部一职，大致有了一些初步印象。在开学的第三个班队会上，二（1）班班干部选拔大会就热热闹闹地开场了。由于一直觉得班主任对班级事务的决定权都是绝对的，只要不出意外，这次的选拔结果十有八九仍会在我的掌控范围之内，因此看似民主的选举其实也是我意志的体现。

首先竞选的是班长一职。我们班的"领头雁"葛芷安，和成绩一向名列前茅的石佳妃俩人进行了演讲，最终经过公开举手投票，葛芷安以五票的优势获胜。而在接下来副班长一职的选举中，石佳妃由于成绩好、能力佳，当仁不让地在几个竞选的学生中脱颖而出。

随着体育委员、生活委员、文娱委员一个个相继出炉，我不由露出了微笑，因为一切尽在我掌控之中，这几个当选的同学均是我心中最为看重的班干部人选。接下来是最后一个班干部"卫生委员"的竞选了，而此刻我的眼神早就飘向了一直以来对班级卫生工作特别关心的李謦彤身上，心想这个卫生委员铁定是她的了，谁都知道她对班级的卫生从来都是尽职尽责的。

果不其然，在我说谁愿意来竞选卫生委员的时候，李謦彤的手立马就举高了。要知道卫生委员可不是一个省气力的"官儿"，"当官"威风的表面背后还藏着其他小朋友无法体会的辛苦，这可是需要全身心为班级的卫生付出自己的时间和精力的，并且任务藏在每天的犄角旮旯里，好不繁琐！因此我心想，一定没有人来竞选了。在粗粗扫视了全班一眼之后，仍旧只有李謦彤的手举在高高的空中，我便马上不假思索地宣布："由于只有李謦彤一个人举手愿意当卫生委员，那么我宣布她……"

"华老师，这里还有一个人举手呢！"还没等我说完，坐在第四排的李欣茹就打断了我的话。带着些许不高兴，我朝着声音的方向望去，还真看到了一只小手半举半不举，畏畏缩缩地伸在胸口。这只小手的主人正是李欣茹的同桌，坐在第四排靠墙位置的褚俊都。

"褚俊都，你这到底算是举还是不举？"我一问，全班小朋友的脑袋一股脑全朝向了褚俊都的方向。

在全班小朋友的注视下，他的两颊立刻布满了彩霞，有些犹豫又有些吞吞吐吐，过了五秒钟才憋出一个字："举！"

"好，那就由你和李謦彤来竞选这次的卫生委员，现在请你准备一下竞选词，李馨彤你先来。"我说完，又把目光转向了平日里的"卫生小达人"李馨彤身上。

李馨彤把自己平时为班级所做的一些事情都当众讲了一遍，最后还没有忘记说让大家支持她。在她走回自己位置的这几步路上，我一直都在对她一边微笑一边肯定地点头。

下一个轮到褚俊都了，在他起身的时候，已经有小朋友在一旁偷偷地笑，我也不禁回想起关于褚俊都的事情：只要来到他的座位旁总是可以发现纸屑；自己的座位卫生搞不好，还老是被其他小朋友告状说常把垃圾扔在垃圾桶外边。对于这样一个自己卫生都难以保持的学生，竟然要竞选卫生委员，我的心中也发出了不可思议的嘲讽。

"你们都应该知道我的卫生其实并不好，因为这个我还被华老师批评了很多次。"褚俊都一边说一边看向我，但从他的眼神中，我看到了一丝难为情。"不过老师说过，只要努力改正就还是好孩子，我今天来竞选卫生委员就是想证明我也可以是爱卫生的好孩子，我要让我们班努力以后地上看不到一个垃圾！"从这个小小的二年级孩子的表情中，我竟然读懂了认真，全班似乎也被他说服了，全都鼓起了掌。

到了公开投票的环节，虽然褚俊都的竞选词很让人感动，但我还是不能相信他可以立马说到做到，因此心里一直默默祈祷李馨彤最后能够获胜。结果出来了，李馨彤获得 20 票，褚俊都也是 20 票。

20 对 20，竟然打平了！显然小朋友们都被褚俊都刚才的竞选词打动了。我抿了抿嘴，这该怎么办呢？我还真没想过会发生这样的情况。

我想了想说："打成了平局，那么这最后一票就由我来决定吧！"如果我把这最后一票投给李馨彤，问题不就迎刃而解了吗？我为自己的机智而感到高兴。

我一说完，刚刚当上班长的葛芷安就立刻站起来说："华老师，您现在投票不公平，您应该和我们投票的时候一起！"这个鬼马小精灵才刚刚新官上任，三把火就烧到了我头上。

"是呀是呀，这样不公平！"副班长石佳妃也在旁附和着。

接着附和的声音就越来越多，我感到既惊奇又欣慰，想不到他们那么小就有这么强烈的民主意识。当时的处境朝着我从未想过的方向发展，但转念想了一想，孩子们说的也不无道理啊！

我当下做出了决定，并没有给他们两个任何一个人投出自己的一票，而是尊重了同学们的意见："既然大家觉得两个小朋友都能够为班级卫生出一份力，那么我决定这次的卫生委员就由他们两个人共同担任！希望你们不辜负老师和同学们的期望，好好做，认真扎实地为班级做贡献！"

大家又惊又喜，我分明看到了两个小朋友眼睛中闪烁出了晶莹的光。在同学们热烈的掌声中，我郑重地在笔记本上记下了他们的名字——卫生委员：李馨彤、褚俊都。

班干部竞选过了好几周，班级卫生也在这两位小卫生委员的带动下变得越来越好。褚俊都果真兑现了自己的诺言，成了班里的卫生小榜样，他的位置旁再也没有出现过一片纸屑。而我一直对这次的竞选难以忘怀，暗自庆幸是孩子们的公平公正意识让我做了一个正确的决定。

四、反思与讨论

从上面的事件中，我们可以看到二年级的孩子已经具备一定的民主意识。我们总是以成人的心态去看待每一个孩子，认为他们的心灵中对于老师应该是依赖的，并理所当然地觉得孩子是顺从的；因此当他们突然表现出一些成熟的影子时，就会感到不知所措，导致与自己的预设发生偏差，从而陷入尴尬的局面。

我们班主任总是说自己是班级的一份子，但我们却是不一般的一份子，我们手中握着班级事务最终的决定大权。于是在表面看上去民主的形式下，我们却在一点一点、不知不觉地蚕食着孩子们心中对于公平公正的权利，侵蚀着他们幼小敏感的心灵。我深刻地意识到，作为一名真正想成为班集体一份子的班主任，提高自身的民主、平等意识迫在眉睫。关键是我们要让自己从掌控者的位置上走下来，真正融入到学生中去，低下头来倾听学生的声音，看到他们的优点，因为我们任何一个看起来小小的、不起眼的决定，都会泯灭一个孩子的自尊心，甚至可能改变他们的一生。

在这个故事中，不管是每一位投票的同学，还是两位候选人，他们的双眼都期盼着我这位令人信赖的班主任能在两者之间做出公平的选择。但是不论怎么选择，结果都会导致另一个孩子的自信心受挫。因此如何权衡利弊，是需要我们用智慧去决定的。

班主任就像是一架天平，它可以失衡，可以左右摇摆，但一定不能向任何一方倾斜，因为它是每一位学生心中公平公正的标杆。我们不能因为物体看起来体积小而忽略了它的质量，也许正是体积小的一方才蕴藏着巨大的能量。这是我们每一个班主任随时需要铭记心间的，也是这次经历带给我的深刻感悟。

认识自我，悦纳自我

——以绘本《我不知道我是谁》为主体的心理活动案例

洪丽娜

一、设计理念

在当前社会背景下，随着竞争压力的增大，学生们在学习及社会活动中的负担也随之加重，这样难免会导致他们在成长过程中出现一些心理问题。个体的心理发展是一个连续不断的过程，而儿童期是个体认识、个性、情绪调控能力、意志自制力与耐性等心理品质迅速发展的时期。这个时期的孩子更容易受家庭、环境及周边人等因素的影响，表现出过于高傲、自以为是或是自卑、依赖性过强，从而无法正确地认识自我、接纳自我。对于四年级学生来说，其思维方式开始向抽象思维过渡，可以进行比较复杂的分析；分析问题时也开始寻找并确立"自己"的位置。正确认识自我，接纳自我是心理健康的重要条件。本节心理辅导活动课就是针对四年级学生在正确认识自我这方面所表现出的迷茫现象而设计的，旨在引导学生通过他人的评价进行完善和增进自我认识、接纳自我。

二、活动目标

（一）通过活动，让学生学会观察并正确认识自己和他人

（二）教育学生在积极的评价中学会欣赏他人，并感受被他人欣赏的快乐

（三）学会利用自我鼓励和他人评价相结合的方法，正确认识自我，接纳自我

三、活动形式与方法

游戏、阅读绘本《我不知道我是谁》、小组讨论

四、活动准备

彩笔、白纸、阅读材料《我不知道我是谁》、小诗《如果你不能成为山顶的一株松》

五、活动设计

（一）暖身游戏，感受自我

设计意图：通过让学生画"自画像"的形式，让老师与其他同学初步认识该生自己所认为的自己是怎样的。

1. 活动流程

大家可能都听说过荷兰大画家梵高，他在一生中创作了许多作品，其中的"自画像"是其绘画艺术中最具特色的代表作之一，他在这些自画像中用不同的形式表现自我。下面，请同学们也给自己画一幅自画像，展示一个"内心的我"。

2. 注意事项

（1）教师可以暗示大家，"自画像"可以是形象的肖像画，也可以是抽象的比喻画；可以是一色笔画成，也可以是多色笔画成。

（2）有的学生会因为自己的绘画技能差而感到为难，主持人要提醒大家这是游戏不是绘画比赛，只要求画的内容、形式等能形象地反映对自我的认识。

（3）教师在寻找典型案例时，可以关注"自画像"的大小、位置、色彩、内容等，还可以关注学生在画"自画像"时的神情。

（4）控制时间在 8 ~ 10 分钟

3. 明确意义

小组内成员互相交流"自画像"的含义，同组成员可提出质疑；主持人选择典型案例做全班分享。

4. 小结

这幅"自画像"是同学们将自己的内心投射出来的独特的自我探索、自我分析和自我展示。

（二）阅读绘本，激发思考

1. 设计意图

《我不知道我是谁》是一本滑稽幽默、有游戏色彩又充满思辨意味的绘本。故事中的主人公达利 B 是一只兔子，但他对自己的一切充满了疑问：我是谁？我应该住在哪里？我吃什么……对自身的种种追问，让达利 B 不断区分"我"和"他"的个体差异，逐步建立起了自我的概念。在这一过程中，达利 B 没有自我否定、盲目随从，没有在别人的评价中迷失自己，而是不断地追问。作品正是通过这样向孩子们传递人对自我认识的过程，让孩子尝试去认识自我、肯定自我。

2. 活动流程

（1）师生共读，寻找自我

教师与学生一起阅读绘本故事《我不知道我是谁》（教师讲述，学生朗读）

师：达利 B 不知道自己是谁，他对自己充满了好奇。他认识猴子、树袋熊和豪猪等动物，他想知道自己是不是其中的一种，总是不断地猜测和比较。

生：我是一只猴子吗？我是一只树袋熊吗？我是一头豪猪吗？

师：达利 B 不知道自己应该住在哪里，但他善于观察，看到蝙蝠、小鸟、蜘蛛住在不同的地方，就想弄清自己是不是也住在这些地方。

生：我应该住在山洞里吗？我应该住在鸟窝里吗？我应该住在蜘蛛网上吗？

师：达利 B 不知道自己应该吃什么，但他敢于尝试，鱼、土豆、虫子、他都要尝一尝。

生：我应该吃鱼吗？我应该吃土豆吗？我应该吃虫子吗？

师：达利 B 不知道自己的脚为什么那么大，但他善于想象，想法很可爱。

生：是用来滑水的吗？是用来给老鼠坐的吗？是用来遮雨的吗？

师：达利 B 看见鸟住在树上，就决定自己也要住在树上；看见松鼠吃橡子，就决定自己也要吃橡子。他善于模仿，不断地学习尝试，试图构建属于自己的生活，但他还是不知道自己的脚为什么那么大，这个疑问一直困扰着他。

师：一天，树林里的兔子们都慌慌张张的……真奇怪，达利 B 说："我还以为我是一只兔子呢。"

（2）交流讨论，追问自我

①达利 B 有哪些困惑？为了弄清这些困惑，他是怎么做的？

②故事的最后，达利 B 依然困惑，搞不清自己到底是什么，但此时的他，还是原先的他吗？他在不断地观察、猜测、模仿、尝试、想象，在这些经历中，他有什么收获？我们一起细细地看图，和达利 B 一起重温他所认识的世界和自己。

③引导学生一幅幅地看图，说说达利 B 都明白了什么。看图的时候，应尽可能地仔细，要引导学生善于从图画中获得信息，最后将几幅缩略图同时呈现在屏幕上，让学生用连贯的话语说说达利 B 的收获。

④读了这个故事，你们有什么收获？再次追问学生"你知道你是谁吗？"以引导学生说出更多元化的自己。

（三）积极暗示，接纳自我

设计意图

让学生通过闭目感受气球与石头带给自己的不同感觉，意识到暗示的重要性，从而希望学生在今后的生活中多多对自己进行积极地自我暗示，并及时记录当下学生认为自己所具有的优点，加以鼓励。

教师指导语：现在请大家闭上眼睛，选择一个尽可能舒服的姿势坐在自己的座位上，尽量不要趴着，调整你的呼吸，把注意力集中在你的呼吸上。现在，深深地吸气，慢慢地呼气，想象你正走在一条雨后安静的小路上，小路旁边是鸟语花香，你慢慢地走着，觉得特别舒服。雨后的空气特别湿润、特别清新，你觉得特别舒服……请你伸出双手，平伸于前方，继续深呼吸。现在，将注意力集中在你的左手，想象自己的左手挂着一个氢气球，轻飘飘的，好像一直要往上飞。氢气球很轻，好像有一股力量拉着你的左手，在不断地往上飞。好，现在把你的注意力集中在右手上，你的右手现在挂着一块很重的石头，它很沉很沉，一直把你的右手往下拉，它很重，你的右手快要提不住了。好，继续深呼吸，维持现在的姿势，慢慢地睁开眼睛，看看自己双手的位置。我们互相观察一下，许多同学的双手已经在老师刚刚的提示中出现了明显的不平衡：左手往上提了，右手却下垂了。大家想一想，为什么原本平衡的手会出现不平衡呢？

这就是暗示的作用，语言的暗示确实可以改变自己的行为，所以希望今后大家要多对自己进行积极的自我暗示。

清点你的积极因素：列出自己的各种优点，把它贴在课桌上或夹在书里如：我是一个关心别人的人；我的字写得很漂亮；我做完试题有认真检查的习惯；我的课外书比别人看得多；我的计算速度特别快；我踢足球特别棒……

（四）欣赏小诗，肯定自我

设计意图

畅谈体会，加深学生对接纳自我的理解；小诗内涵丰富，给学生心灵的震撼，将活动推向一个高潮，引发学生情感的共鸣。

活动流程

老师希望能通过今天的活动，使同学们客观地认识自己，自信地欣赏自己。每个"我"都很独特，每个"我"的生命都充满阳光。同学们，为做最好的自己，加油吧！

在活动的最后，老师送给大家一着小诗《如果你不能成为山顶的一株松》，愿这首小诗能带给同学们更多的启示。

读诗歌，结束本课。

"燕妈妈"引发的感恩活动课

徐静芬

一、背景

最近，家长群里的家长在发牢骚，说现在的孩子不懂得感恩，认为他所拥有的一切是理所当然的。有的家长甚至还说，孩子连倒垃圾都不乐意去。确实，现在的孩子都是在父母亲百般呵护、悉心照料下成长，他们接受了太多的爱，并把这一切视为理所当然。他们习惯了索取，即使父母亲再苦再累也必须满足他们的要求，而他们却从不懂得去为父母亲做些什么、分担些什么。他们不懂得感恩，作为教师，我们有必要提醒他们、引导他们，让他们学会感恩。

二、理论依据

苏霍姆林斯基曾说，最完备的社会教育就是学校——家庭教育。实行家校合作不仅可以很好地培养年轻一代，而且还可以使父母的道德面貌更加完美。要实现培养高素质人才的目标，离开家庭配合的教育是不完善的教育，与家庭教育完全脱节的教育也是很难取得理想效果的。在人格的形成和发展中，家长的言行对孩子的成长具有持久而深刻的影响。感恩教育的直接关系人就是父母跟孩子，家庭教育的影响作用便更为突出，因此，必须构建一个教师、家长共同参与，学校、家庭合力发挥作用的开放的立体教育大环境。

三、活动课主题：我们的"燕妈妈"

童年时期是每个学生个性形成的重要阶段，在这个阶段教会他们生活，教会他们做人非常重要。通过感恩活动课，让孩子们懂得为了他们的成长，父母付出了很多，从而引导学生反思、体会和感受父母的养育之恩，表达对父母的感恩之情，思索对父母的报恩之举，在日常生活中体现报恩之行。

四、活动课内容设计

"燕子！""他们在干什么？"老远，就听见我班几个孩子的嚷嚷声。他们围成一堆在干嘛呢？看到我走来，小朋友们叽叽喳喳地说开了："老师，那只大燕子怎么把捉来的虫子送给小燕子吃了？""那肯定是小燕子的妈妈。""那小燕子怎么就知道张开嘴巴叫，为什么自己不去捉虫子？"看着孩子们激动得涨红了脸，我觉得这是对孩子们进行感恩教育的一个很好契机，于是，我在微信平台上把这次教育的目的告知了家长。家长们都表示支持，纷纷出谋划策。最后，班级"家委会"推荐了三位家长，让他们担任活动课的"家长助教"，让他们走上讲台当燕妈妈，说说自己的育儿经。一堂别开生面的感恩课——《我们的"燕妈妈"》就此开始了。

教师引导孩子们看燕子哺育后代的图片、视频，告诉他们每年都有两只燕子在屋檐下衔泥做窝，哺育后代。孩子们看到幼燕张嘴窝中待哺，看到燕爸爸燕妈妈一刻不停地忙碌，看到小燕子们从讨吃到学会飞翔，都议论纷纷："燕子妈妈好辛苦了，一刻不停地捉虫喂孩子。""燕妈妈多好啊，自己一条虫不吃，全给宝宝们吃了！"

可见孩子们从燕妈妈身上体会到了无私的母爱，但是，他们始终把视角停留在燕子身上，离目标感恩教育还有一段距离。

于是家长助教——"燕妈妈"走上了讲台。一位"燕妈妈"告诉孩子们十月怀胎的辛苦，从最早的呕吐吃不下饭，讲到后面的大腹便便走不动路，再到后来脚都水肿了走不动路，还给孩子们看自己怀孕时胖到 150 斤的丑样子。一位"燕妈妈"深情地对孩子说："宝贝，有一天半夜，你发高烧了，浑身滚烫，爸爸妈妈连忙把你送到医院，爸爸吓得开车的手都一直在发抖。看着你难受的样子，恨不得生病的是自己。现在，看着你灿烂的笑容，爸爸妈妈真的很开心。"还有一位"燕妈妈"带来了很多旧玩具，告诉孩子们每个玩具背后的故事，说："宝贝，虽然你现在已经不再玩这些玩具了，但是你小时候的故事，我们永远记得。"听了"燕妈妈"讲的故事，孩子们也纷纷举手发表自己的看法。有的说："妈妈，你为了生下我，把漂亮的自己变丑了。"有的说："为了养育我们，爸爸妈妈真辛苦。"还有的同学甚至说："我们的爸爸妈妈跟小燕子的爸爸妈妈一样呢！"此时，孩子们关注的已不再是燕妈妈的辛苦，他们认识到，自己的爸爸妈妈为了抚养自己，也跟燕子的爸爸妈妈一样，付出了辛勤的汗水。

此时，教师引导大家说：同学们，在燕爸爸燕妈妈的辛勤哺育下，小燕子们终于能翱翔在蓝天了，那你们知道这些小动物们长大后是怎样报答父母的吗？并引导学生观看鸟反哺的故事，告诉他们，小乌鸦长大以后，老乌鸦不能飞了，不能自己找食物了，小乌鸦会反过来找食物喂养它的母亲。我问孩子们，你准备怎样报答父母的养育之恩？"妈妈，你老了，我会像小乌鸦一样养你的。""妈妈，你太辛苦了，我已经长大了，可以帮你干活了。"孩子们用自己稚嫩的声音表达着自己的孝心。他们还一致表示，以后每天都要帮妈妈干一件家务活。

后来，家长们在微信平台上一致反映自己的孩子变得懂事了，知道体贴父母了，能帮助家长做家务了；他们发现他们的孩子长大了。听到他们满意的回馈和欣喜的讲述，我觉得十分幸福和自豪。一节感恩活动课，把孩子跟父母的心贴得紧紧的，也把老师跟家长、孩子们的心贴得紧紧的。后来，家长们为了保护孩子们的童心，还做了个箱子垫在燕巢下面，让燕子能够安心地陪伴在孩子们身边。每当跑过那个燕巢，孩子们总会抬起头观看、微笑，在"燕妈妈"的呵护下，他们跟着小燕子一块儿长大。

　　这次活动课通过一个很平常的燕巢，把学校、家庭、老师、家长很好地融合起来，"燕妈妈"走上讲台，家校合作，给孩子们进行了一次成功的感恩教育。

　　在低学龄段教学中，加强家校联系，关爱每一个学生是班级管理的成功法宝。所以，刚接手这一届学生时，我就成立了班级"家委会"，让家长参与班级管理。一年来，"家委会"通过微信群、QQ 群等平台，发挥了重要作用。现在，家长们越来越乐意参与班级的教育管理，特别是"家长助教"，不但解决了师资短缺问题，而且特别受小朋友们的欢迎。当发现课堂的主角不再是老师，而变成爸爸妈妈来给自己上课时，孩子们热情高涨，开心得不得了。家校合作可以让一部分富有爱心又有空暇时间的高素质家长走进校园，参与学校的教学与管理，充分发挥了家长的"桥梁纽带"作用，同时也是学校向社会共建"无围墙校园"所迈开的一大步，既促进了家校共育，同时也满足了广大家长朋友关心教育、参与管理、热心公益事业的美好愿望。

我的家乡真美

仇 琪

一、活动目的

（一）让学生对家乡的美景和美食有初步的了解

（二）引导学生亲近家乡，为自己美丽的家乡感到自豪

二、活动准备

PPT 课件、麦饼、课前调查。

学习活动册 59 页：我的家乡在_____，家乡著名景点有_____，家乡美食有_____，家乡特产有_____。

三、设计意图

课前让孩子们进行了一次课前调查，由学生身边熟悉的事物导入，让孩子们去问问家人，查查资料，了解自己的小家乡。

四、活动过程

课前视频《宁海宣传片》

（一）初步了解宁海

1. 师：这里是徐霞客游记开篇地，是中国旅游日发祥地。这里依山傍

海，有山有水，是全国生态县、百强县。这里就是我们共同的家乡宁海。有个小姑娘就这样写过她的家宁海：（播放音频PPT）

"我的家乡在宁海，这里风景优美，物产丰富，是个可爱的地方。

这里有山清水秀的浙东第一大峡谷，有溪水潺潺、环境清幽的南溪温泉，有历史悠久、古色古香的前童古镇……尤其是徐霞客大道，景色宜人，吸引了成千上万的游客。

宁海还是个美食天堂，有甜蜜多汁的一市白枇杷，香脆可口的双峰香榧，食味鲜美的凫溪香鱼……每逢4月，你一定要去长街尝尝那里的蛏子，又肥又鲜。热情好客的长街老乡准会给你端上各种口味的蛏子，清蒸的、红烧的、铁板的……让你尝个够。

这就是我的家乡——宁海，一个美丽的地方。"

2. 师：小作者笔下的宁海多美啊！你从文章里知道了宁海都有些什么吗？

生：浙东大峡谷、南溪温泉、前童古镇。

师：对！这是宁海的风景，你还知道哪些风景呢？

生：徐霞客开游节。

师：这是宁海的节日风俗。

生：一市白枇杷、双峰香榧、凫溪香鱼、长街蛏子。

师：这是宁海的美食，你还知道哪些美食呢？

设计意图：由一个孩子的自述，介绍了家乡宁海，并引出宁海的风景，风俗，美食。

（二）感受宁海美景

1. 感受乡镇风光

师：对啊，我们宁海风光秀美，除了浙东大峡谷、南溪温泉、前童古镇，还有许许多多美丽的地方呢！让我们去各个乡镇看看吧！（PPT出示图片文字）

2. 采访

师：你来自哪个乡镇？你们乡镇都有什么美景？请你来介绍一下。

（三）品味特色美食

1. 看视频，了解宁海美食，说说你最想吃什么

2. 你还知道家乡有哪些美食

3. 欣赏家乡美食

4. 品味麦饼：看一看，闻一闻，尝一尝（播放欢快音乐）

师：好吃吗？你吃到的麦饼是什么味道的？真是让人意犹未尽。

设计意图：以学生为主体，让学生说说自己的家乡，加上讨论加深印象。

（四）介绍家乡：请学生上台介绍家乡

1. 前童：我的家乡在前童，这里有 800 多年历史的前童古镇，小镇里流水潺潺，古色古香。到了"十四夜"的时候，这里还会有前童行会，人山人海，灯火通明，热闹极了！这就是我的家乡前童，欢迎大家来前童玩。

2. 胡陈：我的家乡在胡陈，最近在胡陈就有桃花节，漫山遍野都是粉红的桃花，一直延伸到胡陈各个村庄，在我家就能看到许多桃花，可美啦！如果你夏天来这里，还能吃到有名的胡陈水蜜桃，一咬下去满口的甜汁，想起来就流口水。你来这里准没错！

（五）拓展：

1. 师：我们有些小朋友的家乡很特别，我们听他们说说自己的家乡。

生：我的家乡在……

师：他的家乡在宁海县外，你能给我们介绍下你的家乡吗？

2. 地方特产知多少，从宁海特产到各地特产连一连。

师：是的，有的小朋友家乡在市外、在省外，但无论你的家乡在哪儿，家乡都是我们从小生长的地方，我们爱我们的家乡！我们可以自豪地说："我的家乡真美！"

设计意图：由班级实际出发，了解班上外地学生的实际情况，让他们来说说自己的家乡，由宁海这个小家乡拓展到浙江、中国这个大家乡。

六、教学反思

《我的家乡真美》是浙教版二年级下册《道德与法治》第四单元《我们生活的地方》里的第三课。在上两堂课，我们了解了居住的社区，在这堂课中，我们走出社区，来到了乡镇城市。本节课以欣赏为主，从小家乡乡镇到大家乡县城，了解家乡的风景美食，让孩子们对家乡的美景美食从内心发出赞叹，从心里热爱家乡，但在实际操作上还是产生了一些问题：

（一）学生对自己来自的乡镇不了解，甚至不知道。对此我在课前让孩子们进行了一次课前调查，让孩子们去问问家人、查查资料，效果也是因人而异。

（二）一部分孩子来自外地，而且辗转各地，对家乡没有归属感，甚至不知道家乡在哪里。我对班里的孩子在课前进行了了解，并和班主任老师做了沟通。

（三）在最后一步说一说自己的家乡中，孩子们的语言片面化，往往只能说出一两个词语。

在四次试教之后，以上情况有了改善，但还不能尽如人意。首先，每个班级学生都有独特性，一些课堂预设都没有达到预期效果；其次，课堂设计中还不够以学生为主体，让学生说的环节还是太少，如在欣赏完乡镇风景后可以加个小讨论，让孩子相互说一说加深印象，这样在最后总体说一说自己的家乡的时候会更加有话说；可以在课堂上让孩子们互相交流信息，更加深入挖掘每个孩子家乡的美景美食。

迷途羔羊的归路

——两则小学生消极心理辅导案例

袁　月

当前，学生的心理变化日新月异，很多学生处于一种亚健康状态，心理上的一些隐性疾病随时随地影响着学生、改变着学生。教师的本职是教书育人，只有准确把握学生的心理动态，才能够更好地教育学生。

小学时期是人的行为、性格和智力迅速发展的关键时期，在这一阶段，由于身心变化比较快，加之文化知识及社会经验不足，小学生很容易产生不健康心理，从而导致心理问题或心理疾病的出现。身为教师的我，又是一个班级的班主任，我想试着对我所遇到的一些小学生心理问题案例进行分析，以便和大家共同研讨寻求对策。

一、大龄"妈咪宝贝"

案主身份：小龙，男，13岁，现就读于星海小学五年级。

个案起因：很长一段时间，小龙无故不来校园上学。今年10月份，除了10月26日期中考试那天来校外，其余时间均在家里，从开学至现在，已累计旷课量已达30余天。期间，班主任曾多次前去他家里拜访，但每次当其听闻班主任过来时，便早早跑出家门，不知所踪。

个体特点：他原本是一个非常有灵性的小男孩，乌黑发亮的大眼睛，总是充满着好奇，初次来班级报到时，说话都轻声细语的，俨然是一个羞涩内向的小男孩。由于是转校生，他在班里几乎没有什么朋友，下课时，身边的同学们来来回回，只有他一个人呆坐在凳子上，不知道在鼓捣些什么。他不叫，不闹，只是习惯性地低着头。我常问他："小龙，你在班级里有朋友吗？"他的回答让我很诧异："有，在上海。"

他从不去同学们家玩，也不向同学们借东西，他背书不愿意跟同学们背，更愿意跟老师背，这在班级里绝对属于另类。种种行为似乎昭示着这个孩子是比较特殊的。

个案调查：小龙是独子，四年级时从上海转校而来。报名那天，他妈妈独自来校，据母亲介绍，孩子爸爸在上海工作，所以只能由她带孩子回来，独自照顾孩子的起居学习。她本人无工作，全职在家照顾孩子。从母亲那饱经风霜的面相观察，孩子可以肯定是老来得子。每天上学放学都由母亲接送，母亲对于孩子的要求几乎有求必应，条件是孩子要取得好成绩。

老师们对这个孤独的孩子充满了同情，在教学中充分给予了关爱，想帮助他顺利融入大家庭。看起来似乎成功了，在班级相处了一年后，小龙的性格得到了极大改善，开始跟同学们说说笑笑，一切似乎步入了正轨。学期结束，几乎所有授课老师对这个孩子的评价都是十分乖巧，成绩虽不是十分拔尖，却也能够保持中上，且该学生的学习态度较好，能主动询问问题。

但令人意想不到的是，看上去品行如此健康的一个小学生，后来却变成了逃学的孩子。暑假回来，小龙明显开始不对劲了：眼神开始变得涣散无光，注意力不再集中，坐在椅子上开始魂不守舍，性格比初来校园时显得更加沉默；妈妈不让他碰手机他便开始哭闹，直到妈妈把手机还给他……紧接着，他便开始逃学，起初是偶尔消失一两天，再到后来干脆整礼拜整礼拜地不来校园。每当我去他家找他时，他就会早早地跑出家门，消失在人海里。为了避免孩子发生安全事故，我只好作罢，返回了学校。

分析与诊断：首先是学校因素。由于我校的很多作业与手机有关，比如数学、英语的"一起作业网"，语文、科学的"向上网"，再加上偶尔的

"宁波市安全教育平台",许多作业离开手机、电脑似乎就完成不了。通过接触这些电子设备,部分学习软件为了吸引学生更好地学习,在答题时还增加了"趣味学习"模式——比如通关计算,每个小怪兽头上有道数学题,你能解答出来,就能打倒小怪兽;拔萝卜时,萝卜上方有些英文字母,当听力报出来,你要拔到正确萝卜。这本是一件好事,能够极大增加学生的学习兴趣;可事与愿违,包括小龙在内的许多孩子们慢慢发生了变化,渐渐迷恋上了电子设备。

其次是个人因素。该生生性羞涩,不擅长与人相处,在与电子设备的接触中,久而久之迷恋上了网络游戏。

第三是家庭因素。母亲对孩子的教育方式过分溺爱、放纵,怕孩子孤单便给他手机玩。孩子上学时,母亲曾多次在公交车上喂食其早饭,只求孩子能好好读书。

辅导策略:一是寻找机会与他接触、面对面聊天,了解其思想动态;二是建议家长给孩子适当的成长空间,不要过分宠溺,并且将手机、电脑上锁,不能随叫随给;三是号召他班上的朋友们一起去他家,将迷茫的孩子唤回校园,用友谊取代电子设备。

辅导过程:根据该生的情况,我采取了阶段性心理辅导。

想尽办法与小龙进行面对面谈话、聊天,讲讲他去年刚进学校时的优异表现,使其回忆起曾经的闪光点,如"课后积极问答""老师布置的作业认真完成"等,并充分予以肯定,以心育心,以唤起他的共鸣和认同,消除他的逃班心理;然后跟进观察他在校内外、课内外的表现,让他知道他一直被老师和同学们关心和关注,就算他此刻不在班里,也依然是班集体的一份子。

通过与家长沟通,了解小龙在家中的生活、学习状况,要求家长改变教育方法,关爱孩子,而不是溺爱孩子;对待孩子忌用"投其所好"的方法。首先,家长在告知孩子电子产品的最大功能是引导学习、增加知识、扩大视野的同时,要准确说明成为"电子控"的危害,而且,要让这种观念一直贯穿于整个教育过程；其次，要严格控制孩子使用电子产品（特别是手机、ipad、电脑）的时间。对于时间必须进行具体量化，如果孩子想延长使用时间，必须征得父母的同意。如果家长摇摆不定或双方意见不统一，那限定时间的计划很容易失败。再者，家长可以指向性地给孩子安排替代性活动，如一个小时安静的趣味阅读、请小伙伴参与的手工制作、一场激烈的户外足球比赛等等。另外，还可以尝试和孩子一起度过一个没有电脑、手机、电视、游戏机的晚上，让孩子在学习克制、忍耐的过程中体会到成长的快乐。最后，家长作为孩子模仿的对象，应该以身作则，给孩子树立好的榜样，应该做到少玩手机和电脑，少看电视。

辅导效果：该生自接受辅导起的两周内，逃课次数明显下降，对于课堂又再次充满了兴趣，并且其母亲也改正了错误，不再当孩子的"小奴隶"。

二、"小巨人"的困惑

案主身份：小衡，男，13岁，现就读于星海小学五年级。

个案起因：小衡的母亲经常会找我倾诉："袁老师，我们家小衡又被某某同学欺负了。""袁老师，我们家小衡的衣服被同学画花了。""袁老师，我们家小衡的钱不知被谁拿走了，您能不能帮我查查看？"我时常会接到这位母亲的电话，电话中的她，对儿子充满了无奈。最开始，我会询问为什么发生了这件事情你儿子从不跟我说？但是得到的只是小衡母亲的叹息："唉，这孩子，发生什么事情也不会跟我说，只是我发现他神态不对劲，'逼问'出来的。"

个案调查：由于先天或后天的原因，这个学生的个子非常高大，算是班级里的小巨人，才13岁的他，身高已达到172厘米，这在五年级阶段显得格外特别。在低段学习时，小衡尚能和同学们友好相处，但自升入高年级阶段后，他开始意识到自己"与众不同"，再也无法和同学们玩到一起，时常怀疑或担心自己被他人耻笑，从不敢主动与其他同学交往，也不肯接受其他同学的友谊，总担心自己会成为他人的笑料。甚至有的时候，小衡因为个子过高，经常谦让其他同学，导致其他同学在小衡面前开始放纵，乃至肆无忌惮，偶有被同学欺凌、捉弄的现象发生。在家里，全家人将其视为掌中宝，舍不得让孩子受半点委屈，一有风吹草动，马上便有较大反应，随即进行简单粗暴的教育："如果别人欺负你，你要欺负回去。""你个子那么高，他怎么是你的对手?"……不仅没有缓解孩子的心理压力，反而在无形中放大了小衡的身高问题，加剧了他的自卑倾向。

分析与诊断：在学校因素方面，现在的学生基本上都是独生子女，在家被当成了"小皇帝"，家长对他们的要求基本上都是百依百顺，渐渐养成了众星拱月、其他人都得围着自己转的心理；在踏入学校后，当没有受到老师或同学们重视时，常常会自认为是个人因素造成的，随后开始怀疑自己，寻找自己身上与众不同的地方，进而演化为自卑。在个人因素方面，生理上的某些不足引起消极的自我暗示。小衡认为自己是异类，13岁时已经比周边同龄人高出了一头，玩游戏时无法与别人玩到一块儿，又会自我归因到个子问题，却从来没有考虑过这个游戏本身适不适合自己。在家庭因素方面，父母的不恰当引导加重了孩子的心理负担。父母仍认为对孩子只要提供物质上的温饱即可，缺乏对孩子生理、心理上的关怀；其实孩子已经发育了，正是需要家长关怀的时候，大人们却一再揭露其个子比别人高太多的"伤疤"。

辅导策略：高个子本是好事，打篮球要的就是身高，综合小衡的性格特点以及身高优势，我决定对其采用运动辅导法。爱运动是小学生的天性，运动辅导是打破那些陷入不良情绪感受、无法自拔的学生所处的破败或混乱状态的一个重要方法。借助运动辅导的部分理念及方法，少说多动，对于尚未能借助言语媒介深入沟通和表达的小学生来说，是获得帮助的一种有效途径。

（一）情绪控制

由于个子高，打篮球自然成了提高小衡自我效能感的第一选择。于是我跟学校篮球教练商量，将小衡送入篮球队，在班级里也与小衡约定好，每天在篮球场训练一段时间，让小衡与其他同学们一起参加篮球活动，调理情绪，多与同伴交往，逐步融入团队活动，让他慢慢地减轻孤僻感，融入集体，热爱集体。

（二）循循诱导

小衡参加篮球赛，中场休息时，我常在场边诱导询问，如"你运动时的心情如何？你知道篮球比赛有哪些规则吗？"促使小衡抒发运动时内心的真实感觉，从中明白篮球比赛也是有规则的，不能独来独往，随心所欲，这是一项团队运动，需要同伴配合，并且遵守规则。

（三）增强自信

每一次触球得分，我都会为小衡发出呐喊欢呼，而且同伴们也颇为认可，纷纷与他击掌庆祝，即使没有得分，其他队友也会对小衡投来鼓励的目光。我惊喜地发现，小衡脸上过去的沉闷一扫而光，这明显是一种自信心提升的标志。

（四）理解友谊

通过与教师、同学、球友们的友好相处，胜利时一起欢呼，失败时一起承担，小衡在运动中找到了乐趣，也终于体会到人与人之间都是平等的，大家应该和睦相处。

辅导效果：经过一个学期的个案心理辅导，小衡重新融入了班集体，并且学习劲头非常足，进步很快。

小学生的心理还很幼稚，思想不成熟，情绪不稳定，一旦受到来自学校、家庭乃至自我因素的影响，很容易产生心理波动。当然，消极心理并非一朝一夕、一时一事而形成，有着复杂的原因，因此，负面心理的消除也不可能一蹴而就，需要更多时间和方法，也需要老师、家长、同学们的爱心和耐心。学校生活早已是学生生命的重要部分，也成了塑造学生品性的重要环境。对于消极情绪较强的学生，老师要及时发现他们情感和行为上的改变，并且给予适当的心理辅导。当然，基于家庭、社会环境对学生的影响，我们还要大力提倡学校、家庭、社会三位一体的合作教育模式，例如可以在社会上多建立一些心理辅导室，以缓解一些特殊家庭的矛盾，从而改进孩子的心理健康状况。

二胎政策下"健康大孩"家校共育的个案研究

王静莎

自"全面二胎政策"实施以来,"二胎"已经成为一个社会热点;但随之而来的还有一系列问题,如生育二胎之后家庭格局的变化和家长关注中心的改变对"大孩"的身心影响等。"健康大孩"的教育问题遂成为家庭教育、学校教育面临的一个新的课题。本文采用个案研究的方法,对宁海县星海小学二(2)班小甲(化名)进行个案分析,首先了解研究对象的基本情况,并对该学生在校在家的表现进行详细记录;其次通过与小甲家长的沟通,对孩子在家里的情况进行询问和了解,并收集、记录个案材料,寻找"大孩"出现教育问题的原因;最后对"健康大孩"的家校共育提出建议。

一、个案背景

小甲,宁海县星海小学二(2)班学生,年龄八岁,性别女,汉族,性格外向,自尊心强,好胜心重,是一个热情活泼的小姑娘。

家庭状况,小甲家属于"二胎家庭",除了她,她家还有个几个月大的小妹妹。父亲常年在杭州工作,回家次数少,与家人的交流主要通过视频。祖父母住在乡下,平时家里只有她们母女三人。目前小甲妈妈全职在家带宝宝,她一个人带两个孩子,非常忙碌,一忙起来容易脾气急躁,家庭氛围有时比较紧张。

二、个案行为描述

本文的研究对象小甲一年级时是个挺优秀好学的孩子，各科成绩优异，上课积极发言，能认真完成家庭作业并且书写字迹端正，热衷于积极参加班集体的各项活动，热爱劳动，是老师的好帮手。

可是二年级开学以来在校表现差强人意，上课长时间走神，作业忘带、漏写、错写等现象严重，并且书写字迹潦草，各科成绩退步得厉害；学习态度也很不端正，甚至值日组长、足球社团的训练都要求主动退出，而且越来越沉默寡言。

三、个案问题研究与分析

通过与小甲面对面的谈话，了解到小甲家刚有了个小妹妹，妈妈把时间都花在了小妹妹身上，没时间管她。小甲的话里充满了委屈。

只有"知其然"才能从根源上找到解决小甲问题的对策。

通过家访了解到，小甲一直是家里的宝贝，所有家庭成员一直围着她一个人转，有时候犯起倔来，家人都拿她没办法。不过小甲不犯倔的时候，也很乖巧懂事，不怎么让人操心，可是自从小甲妈妈生下二宝后，小甲越来越不乖了，还经常跟小妹妹争风吃醋。在问及是否对小甲的关注度减少时，小甲妈妈坦言，自己以后会尽力多顾及小甲的情绪，可自己的精力实在有限，再加上小甲的爸爸在外地工作，不怎么回来，自己一个人带两个孩子很吃力；还好小甲比较大了，有些事情可以帮把手，暑假的时候全靠小甲在身边帮忙带孩子。

通过查找相关资料及家访分析，小甲出现学业问题可能与以下五方面有关。

（一）家庭地位的改变

在原先独生子女政策下，孩子得到了来自家庭所有成员的关爱，所有人都围着一个孩子转，然而有了二胎之后，这种情况被打破。这时大孩如果突然受"冷落"，很容易产生心理落差，很可能出现嫉妒心理，需要父母的陪伴和关爱。而很多家长又把主要精力放在了照顾二孩，与大孩的交流较少，没有平等地对待大孩。大孩因此便产生不良情绪，严重者可能会出现心理问题或过激行为。

小甲原先作为家中的"小公主"，突然受到小妹妹到来的冲击，自己不再是家里的唯一，突如其来的失落感和寂寞包围着她；再加上小甲是个自尊心、好胜心强的孩子，妈妈对小妹妹的过度关心，使得小甲心生委屈和不安，影响了她的安全感与归属感，使她开始与妹妹争宠。而在小甲家中，妹妹实在是太小了，"争宠"的结果往往是小甲受到妈妈的训斥，这让小甲委屈更甚。

（二）家长精力分散

"二胎家庭"由一个孩子变为两个孩子，父母的精力被分散，大孩受到的关注度相应减少。而小甲家庭更为特殊，父亲在外地工作，只有母亲照顾她们，放在小甲身上的时间更加缩水。通过和小甲的谈话，了解到他们家属于慈父严母，小甲妈妈对小甲的要求比较严格。生了小妹妹后，小甲妈妈很忙，也很累，家里乱乱的。妈妈心力交瘁之下自然放松了对小甲的学业要求，有时小甲做错事都没时间和她讲道理，也没时间检查小甲的作业，甚至抽不出时间来接送孩子。小甲已经闹了好几次脾气，想引起妈妈的关注。

因此，二孩后父母精力的分散，导致其对"大孩"关注减少，要求放低，是小甲出现学业问题的重要因素之一。

（三）家长对小甲的要求增多

之前小甲家中只有一个孩子，小甲对父母的依赖性比较强，自理能力也比较差；但是新成员的到来，使家庭事务突然增多。繁多的家务和工作量让小甲妈妈变得措手不及，对于小甲这个已经长大的孩子，小甲妈妈自然而然地减少了照顾。小甲则被要求着长大，这种要求是无声的、强制的。小甲的内心很不愿意，如果这种不快乐长期积聚，容易在学习生活中出现消极抵抗情绪。

（四）家校联系不够紧密

自2015年10月国家实施"全面二胎政策"以来，班上越来越多的孩子迎来了弟弟或妹妹。作为班主任，在潜意识里将"大孩"的教育问题归咎于家庭教育，往往发现孩子问题了，通过与家长沟通后，让家长多关注这孩子就没了后续，没能持续性地和家长沟通交流，反映孩子在校情况。现在，大孩的教育问题主要被归类到家庭教育这一块，学校教育比较薄弱，并且学校没能更好地协助大孩的家庭形成家校合力。

而家长忙于种种琐事，认为大孩的不良表现是小孩子在闹情绪，解决的根源在于自身，没意识到学校的作用，因而也没能很好地与学校教师沟通。

家校双方，一个没重视，一个认为是孩子自己的问题，缺少持续有效的沟通，因此没能就"健康大孩"的培育形成家校合力。

四、解决个案问题的策略

通过对研究对象出现教育问题的表现和原因进行了解与分析，作者主要采用了以下策略进行"健康大孩"的家校共育。

（一）对小甲的教育策略

1. 积极引导小甲爱妹妹的情感

在中午午休的时候，老师经常将小甲叫来办公室聊天，让孩子感受到老师对她的关注与重视。二年级孩子有很强的向师性，因而在谈话过程中，我时常表现出对小甲有妹妹的羡慕：如果老师有小妹妹会怎样对待她。经过一段时间反复强调，慢慢地在孩子心中种下"友爱妹妹"，"我有妹妹，我骄傲"的小种子。

一直都知道阅读对孩子的影响很大，我发现小甲是个很爱看书的小女孩。因而我时常给孩子推荐像《我和小姐姐克拉拉》《我做哥哥了》等温情读物，让孩子感受家里有小宝之后的有趣生活。有一天，小甲蹦蹦跳跳地跑过来告诉我，她很喜欢克拉拉，她和小弟弟的生活太有趣了。我抓住这个契机告诉孩子，以后你和小妹妹的生活肯定也一样有趣。现在小甲一直期待着小妹妹长大，陪她玩。

2. 聘任小甲为"最棒大宝"的记录员

考虑到班级中越来越多的小朋友迎来了小弟弟小妹妹，我专门召开了一节以"小哥哥小姐姐的幸福"为主题的班会。在班会活动中，大孩们积极分享了家有二宝的糗事趣事，在轻松愉快的氛围中，再让孩子们分小组讨论如何当好小哥哥小姐姐。孩子们讨论得非常激烈，各小组纷纷踊跃发言。在班会课中，孩子们都很开心，特别是家有二宝的孩子，异常骄傲兴奋。

在课的结尾，我提出一项新的奖项——最棒大宝。我专门聘请小甲来当这个奖项的记录员，每个班中大孩为弟弟妹妹做了什么事都要由小甲登记；而小甲为小妹妹做了什么事就到老师这边登记。

一次次为同学加分让小甲感受到了作为小领导的自豪感，认识到了别人是如何对待弟弟妹妹的。自己的一次次加分让小甲体验到照顾妹妹的幸福感。现在小甲开口闭口都是自己的小妹妹，喜爱之情溢于言表。

（二）对家长的指导策略

小甲出现教育问题最主要的因素还是来源于妈妈精力的分散，对小甲关注度减少。作为教师，应积极引导家长重视大孩的教育问题，加强与家长的交流，把小甲的表现及时反馈给家长，并且老师通过家访、电话、微信、面谈等方式了解孩子在家表现，多沟通。通过家校双方，共同商量小甲的教育对策。

1. 家校加强沟通

在与小甲妈妈交流的过程中，我们达成共识，严禁在家将两个孩子进行比较，要给小甲更多的爱，并且积极引导小甲学会分享照顾妹妹。小甲有所进步及时联系老师，在学校进行表扬。

我们还一起制订了小甲妈妈与小甲独处的时间，让她每天都有时间和小甲谈谈心，说说在学校的开心事儿，今天学习了什么，以减少对孩子的忽略，多对孩子进行鼓励，让她能得到和以前一样的爱和满足。并且每天抽出一定的时间检查孩子的作业，重视孩子的学习情况。

2. 发动爷爷奶奶的力量

在一次次与小甲妈妈的交流中，我能体会到小甲妈妈一个人带两个孩子的辛苦。小甲妈妈也很想多参与孩子班级学校活动，可一个人实在是分身乏术。在商量后，小甲妈妈决定说服小甲的爷爷奶奶有空的时候来照顾下孩子，这样自己也能按时接小甲放学，多顾及到小甲的情绪。

3. 建立二胎家庭微信群

班级中有许多二胎妈妈，各个妈妈阅历不同，见识肯定不一样。所以我建立了班级中二胎家庭微信群，以便让宝妈们可以进行经验交流。

五、个案研究成果

经过将近一年老师和家长的帮助和呵护，小甲进步飞快。

在学校，小甲已经变回了原来活泼开朗、认真负责的样子。下课了，小甲像只小麻雀一样叽叽喳喳地和小朋友们说个不停，笑声不断；上课时，小甲的专注度提高，举手发言很积极。她的学习态度有了很大改变，学习的积极性高涨，平时作业的质量明显提高，尽管还做不到次次全对，可每次作业书写字迹端正，而且也不再出现空题漏题现象；背书很积极，不再一拖再拖；回家准备的听写，回来听写基本能全对；忘带作业的次数越来越少。并且小甲主动提出想重新当回值日组长，为班级做贡献。此外，小甲重新加入了足球社团训练，甚至在全县足球比赛中还拿了团体二等奖。小甲在校的表现越来越优异。

在家，小甲每天能自觉地认真完成作业，连续不断地坚持到微信群里发看书视频。此外，小甲也能热心地照顾小妹妹，不再与小妹妹争宠，言语中都是对小妹妹的喜爱。吃完饭，一家三口常常到公园里散步，其乐融融。

六、解决个案问题的反思

从这个案例中，我第一次体会到了通过自己的努力让孩子重新绽放出笑容的那种喜悦感和成就感；第一次从内心认同了教师这份职业的伟大。我以前时常埋怨痛心于"孩子的屡教不改","家长对孩子漠不关心",可一直都没敢静下心来好好想想"孩子的屡教不改"是自己的教育方式不对;一直都没能走进孩子的家门好好了解下"家长对孩子漠不关心"的原因,思考下解决这个问题的方案,更好地架起家校合作的桥梁。在解决小甲问题的过程中,我意识到自己以前的很多教育工作做得太流于表面。自己在教育路上仍是任重而道远。

一份真心,一份回报。在与小甲的一次次聊天中,我了解到了孩子的内心原来是这样的敏感脆弱,他们是如此盼望得到老师和爸爸妈妈的关注和表扬。在与小甲妈妈的一次一次真诚交流中,我感受到了她对孩子的爱,她的无奈自责以及她的感谢。

"感知独立的神奇——帐篷之夜"

——星海小学家校合作经典案例

王静莎

"十岁"在孩子的成长中是一个重要的里程碑，它将会印刻很多珍贵的回忆；不仅是昨天母亲心中的梦，更是明天孩子心中的梦，而这个童话般的梦，将在今天变为永恒，成为人生中最值得珍藏的片段之一。它是一种传承，更是一种纪念。

为了让孩子们记住这个具有纪念意义的生日，让孩子们学会独立，懂得分享，知道感恩，星海教师携全体"家委会"成员多方探讨，最终确定了活动方案——帐篷之夜。在家长们的努力下，活动取得了圆满成功，成为星海德育课程的"经典"项目。

一、活动提出的背景

新课程改革正在如火如荼地进行，可还是有很多家长把着眼点紧盯在成绩上；而国家的素质教育，更希望培养出高素质的人才，希望我们的学生能不依赖父母，有较强的生活自理能力，学生自己则希望有一个快乐而独立的童年。而这些希望，着力点都在学生，在培养学生生活能力的过程中，我发现孩子的自理、自强和环境适应能力存在着很大的不足。

而儿童的独立教育仅靠学校单方面的力量是难以完成的，只有学校、家庭密切配合、优势互补、协调一致才能形成一致的教育合力，从而促使儿童身心健康成长与全面发展。目前家校合作的方式较单一，比如教师家访、家长校访、家长开放日等，在学生核心素养的培养上，不妨多一些有新意的家校合作探索。

为促进孩子身心更加健康全面的发展，我校和"家委会"孜孜不倦地进行尝试，经过多次实践，最终建立了星海家校合作的经典项目——十岁成长礼，帐篷之夜。

二、活动主题与目标

（一）活动主题

十岁——漫漫人生中的第一个里程碑，它意味着孩子们即将告别幼稚的童年，开始迈入憧憬无边的少年时代。为了让孩子们记住这个具有纪念意义的生日，让他们学会独立、懂得分享、知道感恩，在家长们的共同努力下，2017年5月31日晚上，我校三年级的孩子们在操场上举行了一场别开生面的庆祝活动——十岁成长礼，帐篷之夜。

（二）活动目的

伴着浓浓的爱，暖暖的情，在万众期待中，"十岁成长礼——帐篷之夜"活动开启啦！此次活动分为"生命孕育""成长足迹""活力童年""生日祝福"四个篇章，目的在于：

1. 生命诞生的美好：父母畅谈孕育、培养孩子的故事。

2. 生命在于探索：在游戏中感受爱、回报爱。

3. 生命的成长：培养自理、自立、自强。晚上全体三年级在学校操场集体露营，培养孩子们的自我管理、独立能力。

三、活动的理论依据

（一）扩展家校合作途径的重要性

著名教育家苏霍姆林斯基说："最完备的教育是学校与家庭合作。"孩子身心健康成长，离不开老师辛勤细致、诲人不倦的工作，也离不开家长的密切配合。在影响孩子成长的各种因素中，家庭教育和学校教育是最重要的两个，整合家庭教育和学校教育，形成教育合力，对孩子的健康发展非常必要。而如何将二者发挥最大的效用，是我们教育工作者应当不断探索的目标。

我国从 20 世纪 50 年代开始重视家庭教育和学校教育的结合，开展了多种多样的活动，在一定程度上加强了学校和家庭之间的合作，收到了一定成效；但就现状而言，无论是理论研究的深度还是实践探索的广度都有待开拓。

（二）独立能力培养的必要性

独立性是现代人格素质的重要方面，其内涵是在生活上能自理，在学习工作中能独立完成各项任务，碰到问题和困难能独立自主地做出决策并会实施，不轻易接受他人的暗示、意见而改变主意。现在大多数的孩子从小依赖妈妈，对于妈妈的照顾习以为常，甚至上学、放学也是妈妈负责。在这种环境中成长的孩子，经不起困难和挫折的打击。缺乏独立性对孩子的成长是极为不利的，父母应从小注意培养孩子的独立性。

星海的"帐篷之夜"不仅锻炼了孩子，同时对家长也是一个挑战。孩子在活动中收获自信和成长，变得独立自主；而家长们学着放手，让孩子们有独立成长的机会，对家长来说也是一次成长。我们相信从帐篷之夜走出的孩子，将来在面对一个全新的环境与挑战时，会有足够的心理从容面对。我们的目标是让每个孩子都有机会去尝试独立，让孩子在轻松、愉快的气氛中学会独立和自理。

总有些事情要自己处理，总有些路要自己走，总有些黑暗要自己面对。帐篷独立夜，属于我们和孩子的成长夜，我们的孩子都用自己的行动很好地证明了自己的独立！

四、活动策划方案

（一）活动时间：2018.5.31 下午 4：30

（二）活动地点：学校操场

（三）前期准备：

1. 帐篷自备　2～3人可通过自主协商合用一顶

2. 晚餐：每班每个家长准备一道美食，主食（蛋炒饭）和水果学校供应（后勤组）

3. 投影一台

4. 场地布置、全程摄影（信息组）

5. 游戏道具准备（体育组）

6. 家长准备：成长照片、成长寄语视频、一封信、一份礼物、必要餐具、露营的被褥、生活用品、手电筒、防蚊水

7. 确定主持人、旗手、护旗手、大队辅导员的人选

（四）活动流程

1. 主持人宣布活动开始（17：00～17：30）

2. 出旗仪式

3. 校长致辞

4. 校歌开场

5. 自助冷餐会（17：30～18：20）

（1）大队辅导员宣读餐桌礼仪

（2）自主领取餐具

（3）大队辅导员宣布冷餐会开始

6. 餐后整理（18：20～18：40）

7. 各班集中到活动场地（18：50～19：00）

8. "十岁成长礼"晚会活动（19：00～20：30）

9. 晚会结束，家长和学生告别，露营开始（20：30～21：00）

（五）晚会内容

1. 第一乐章：生命孕育

　　　　两位妈妈分享怀孕时的心情与故事

两位爸爸分享孩子成长时的故事

2. 第二乐章：成长足迹

播放父母寄语视频

亲子诗朗诵表演

3. 第三乐章：活力童年（游戏环节）

（1）极速穿越（亲子协作）

游戏规则：①每组6对亲子，一位家长、一个孩子排成一队

②第一次由第一个家长用上嘴唇和鼻子吸住吸管，不用手来
帮忙传递给下一位

③回来时孩子和家长手拉手开始穿越呼啦圈

（2）生命速递

游戏规则：①每组选出十位家长参加，躺在垫子上

②每位家长伸出手，把孩子递送到另一端

③最后以时间最短的小组获胜

4. 第四乐章：生日祝福

（1）集体宣誓

（2）全体同学齐唱《妈妈宝贝》，与父母拥抱、告别，露营开始活动

（3）家长志愿者留下进行守护

月亮累了，躲进云层休息了；孩子们累了，跳进帐篷睡觉了。只有星星
还在眨着眼睛，只有风儿还在轻拂着睡梦中的孩子。勇敢的孩子们，愿你们
有个好梦！

清晨，鸟儿的啼叫唤醒了睡梦中的孩子，一张张笑脸在一顶顶帐篷中绽
放开来……

四、效果与评估

表演总有落幕，活动终会结束，我们的帐篷之夜活动也画上了圆满的
句号。

　　十岁成长礼的庄严、温馨和感人，深深地印刻在了孩子们的脑海中。我们坚信，经过十岁盛典的洗礼，我们的孩子一定会对自己的未来更有信心，对自己的人生充满希望。

　　十岁成长礼，诠释了生命的意义，体现了校外教育的人性化，更让孩子们牢记过去，学会感恩，学会珍惜彼此的亲情，长大后做一个真正能为国家做出贡献的人。十岁成长礼活动作为一份特殊的"六一"礼物，给孩子们带来了无尽的欢乐，也留下了珍贵的记忆。

　　通过这次活动，给孩子们一个全新的体验，培养了孩子们的精神，敢于尝试，勇于独立、敢于自我表现，更让孩子们进一步学会了团结合作，增强了生活的自理能力，独立的思想一点一滴渗入他们的心间。很多孩子都说，帐篷之夜，让他们感受到自己真正长大了，开始懂得体谅父母。相信在这次活动中，孩子们不仅收获了成长，还收获了一段难忘的美好回忆，升华了同伴间的友谊，并使他们体会到了亲子活动的温馨，懂得更加珍惜在星海小学美好的童年时光。

学生攻击性行为的分析与对策研究

俞云巧

一、问题描述

罗某 男，九岁，小二年级学生，家长都在某公司上班。他们经常把孩子托付给爷爷照顾。罗某学习成绩低下，而且经常与别人发生冲突。罗某在机关幼儿园时就比其他孩子明显地多动调皮，自进入小学后，随着年龄增长，个人行为更加偏激。缺少家长管教的他渐渐喜欢讲一些不文明的脏话，因此同班同学都不愿意和他在一起，更谈不上有一个知心朋友，人际关系较差；上二年级时在班上打架骂人是家常便饭，更严重的是还会随便动手欺负其他班级的同学，出现所谓的攻击性行为。他上课不遵守纪律，注意力不集中，经常搞一些惹人注意引人发笑的恶作剧。当老师批评他，同学反击他时，没有不愉快的表现，反而感到高兴；下课时，经常无缘无故地欺侮同学，如遇同学反抗，课后还会纠集其他同学一起打闹；有时还鼓动一些其他班级中品行较差的学生在校外一起走动，而且随便看见人就向对方要钱，曾多次出现类似的情况。所有这一切行为其目的都是为了引起别人对他的注意，表现他的存在。

二、原因分析

我曾分析过罗某出现攻击性行为的原因，既有主观因素，也有客观因素。客观上：（1）没有一个正常的家庭教育环境；（2）缺少父母的关爱；（3）教师和家长的批评强化了他的攻击性行为。主观上：（1）同学对他有戒备、不信任造成了他的逆反心理；（2）自我约束能力差；（3）容易受社会上负面因素的影响。

首先，造成该学生攻击性行为的原因之一，无疑是家庭不良的教育环境。自他懂事起，即使父母在家，也是经常吵架打骂，而且话不过三，多说几句举手就打，在他幼小的心灵里烙下了暴力的阴影，在这样的影响下，他也渐渐学会了举起手来随手就欺负人。更多时候是父母在外，没有尽教育的责任，父母偶尔回家听到班主任"告状"，对孩子不是辱骂就是棍棒相加，平时缺少沟通。罗某一直寄养在爷爷家里，爷爷对他管束不多偏袒有余；而且在爷爷面前他表现良好，周围小区的人也个个夸奖他乖巧，天长日久，该生对学习丧失了兴趣。

其次，由于他在班上蛮横无理，同学对他有戒备心理，都对他持不信任态度，还经常受到老师批评。当该生和同学争执时，罗某经常是被指责与批评。因为他常闹事，班级的所有活动鲜有他的踪迹，很少有他施展本领、表现个性的机会。于是，他就经常在上课时无理取闹，插嘴、起哄、故意捉弄别人，掐别人的脖子；下课无缘无故冲撞同学，取绰号、骂人以此来表现自己的存在。

第三，由于没有正当的途径得以正常的心理宣泄，于是他会在一些小事上耿耿于怀，把精力放在拉帮结伙上，无端挑动是非上，常鼓动是非不清的学生参与打闹，以此来得到心理宣泄。除了在学校里，在对校外的人群中也是如此。走在大马路上，罗某见到随便某一个就开口问他们要钱，找各种理由，如我没有乘公交车回家的钱，我没有钱买水喝……来问其他人索取金钱。其实他并不缺少零花钱，而且也不缺少吃的东西。他只想通过这样的一种方式来多跟别人说话,以引起别人的注意,以此来达到某种快感。在这个阶段每天向同学或大人索取钱物已经成为他生活的一部分。

三、对策探讨

针对罗某产生攻击行为的种种原因,为了促使他转化,我实施了一些干预措施,也产生了程度不同的相应效果。

（一）帮助建立正常的家庭教育环境

首先,我同他的家长做了一次态度诚恳的谈话。通过谈话,使他明白孩子的成长离不开正常良好的家庭教育环境。有家庭暴力的孩子只要有耐性对待他们,孩子一样能健康成长,不要动不动就对孩子吹胡子瞪眼睛。同时也要求他们在百忙之中多抽一些时间来关心孩子的学习和生活,多重视孩子在生活上的习惯,生活时间的规律性,个人卫生习惯,学习的自觉性等。不要怕孩子犯错,要知道孩子进步存在反复是正常的,大人应耐心开导,而不应用粗暴的教育方式。

（二）班主任尝试用情感导入策略进行正面转化

罗某平时受到批评太多而几乎得不到表扬,长期的抵触情绪使之产生了严重的逆反情绪。平常在教育中好言好语能使他保持良好表现几分钟,但是他的行为习惯存在反复性,一天会有若干次的谈话。每个学生都有自尊心,都渴望得到鼓励;而当这一切得不到满足时,他会以逆反心理来维护自尊,或是上课时与老师对着干或是下课时肆意挑衅等,来显示自己的高明和非凡。在他犯错时,若再进行批评指责,只能强化他的负面影响。因此,针对罗某的这种心境,我尝试用情感导入策略进行正面转化。首先我用"眼神"去叩开他的心扉,我珍惜每一次与他对视的机会,课堂上、过道里、谈心时,我的眼里流露出的是善意、真诚和信任;然后我用"耳朵"去聆听,对的错的、真的假的、有意的无意的都毫不在乎,我期待着他的倾诉;之后我用"心灵"去和他交流,用我的热情来得到他的信任,用我的期待来换回他的自尊。我对他说:"我现在有一个困难需要你的帮助。如果你帮了我,老师的工作能轻松点，你能帮我吗？"当他爽快答应后我马上对他提出要求："你帮老师去检查下有哪个同学没有好好读书，每天早上第一个到教室开门。"他会很好地做这件事情，做这件事情时不会出现欺负同学的现象，但是会伴随着另外一个不好的事情，就是在教室内外，教室四周东奔西走，一刻不停。再好好跟他谈话时，让他好好做，"不能有一点差错，否则老师既没了小小的'自由'还要被校领导批评。我相信你准行！"我用坦诚得到他对我的信任。连续几天我都在暗中观察他，他做得很好，一连几次在大庭广众下我表扬了他，私下我和他交流。他说："我怕你被领导批评，一个人老是被人批评会被人看不起的……"我赶紧说："其实老师也会做错事，校长也会批评老师，每个人都会犯错，改了就行了。"他真的帮了我，几个星期下来他没有再随便跑出教室，出去随便问人要钱的现象也改了。

其次，家校要经常沟通，让家长在第一时间里知道孩子的想法，及时知道孩子的点滴进步。

（三）花尽量多的时间去沟通交流

一般情况下，在空下来的时候我就会找他谈天。在聊天的过程中会发现他是个很会说话的孩子，而且也很可爱。只是在日常生活中，在与别人聊天时，有些可以说的和不可以说的，没有人正确引导。所以只顾着学习家长的话语与举动，只知道一味模仿大人的说话方式。在学校期间，我总是尽可能地与他说话，并且提醒他不要讲一些不文明的话。多次聊天以后，他能很好地意识到自己有许多不好的习惯存在，也渐渐地在改变之中。

有了干预措施，就能收到一些效果。正因为及时和家长沟通，家庭教育的方法也发生了改变；正因为学生及时受到了表扬，消除了抵触情绪，上课纪律比以前有了明显进步；正因为有了师生真诚相待，使学生得到了爱，也找回了自尊。也正因为有了新的开始，也希望他的学习成绩也能慢慢地上升，融洽与同学的关系。

经过多方努力，罗某的进步有目共睹。但生活本身是复杂的，首先家庭的稳定是第一位的，而留给罗某的是一个不稳定的家庭，目前较稳定的状态能维持多久还不得而知；其次罗某本人在学习上基础不扎实，在课堂上精神也不集中，只顾着做自己的事情，也不做作业。目前应试的存在必须强调分数，在强大的压力面前他能有足够的承受力吗？重新找回的自尊能维持多久？外面的世界依旧"精彩"，他能永远避开来自外界的不良诱惑吗？我希望能够引起家长的高度重视，期待能给罗某这样的学生更多实在的帮助。

03

| 活动设计篇 |

　　星海人秉承着"日星日新,让每一颗星星都闪亮的"教育梦想,践行"多元智能理论",以造就不同的孩子。丰富多彩的德育主题活动就像一个个锤炼德行的舞台,力促小星星们在德育活动体验中绽放出耀眼的星光,在广袤的星空里展现出一片灿烂!《天之大》感恩生养我们的母亲,爱祖国从爱家乡开始;拒绝《校园欺凌》,抗拒各种诱惑,养成"廉洁、勤俭、知书达理"的星海小达人。"小星星们"在精彩纷呈的队会课活动中潜移默化地拥有健康的体魄和心理,成为有理想、有道德、有文化、有纪律的"星人才"。

天之大，唯有你的爱完美无瑕

——感恩父母主题班会

胡敏霞

一、活动背景

"天之大，唯有你的爱是完美无瑕"。一首《天之大》唱尽了父母对儿女那份无怨无悔的爱，而现在的"小皇帝""小公主"们，认为父母对自己的爱是理所应当的。他们习惯了接受，却忘记了付出。恰逢五月母亲节，正好设计一堂以"《天之大》——感恩父母"为主题的少先队活动课，期望能在孩子们纯净的心灵里播下一颗爱的种子，让它生根、发芽。

二、活动目标

（一）让孩子懂得，自己的成长离不开父母的养育。要拥有感恩之心，常怀感恩之情

（二）引导孩子们从生活点滴中去体会父母的爱，从那些早已习惯的行为中去理解和感悟爱

（三）懂得"爱要说出口，爱要动手做"，学会以实际行动表达自己对父母的爱

三、活动准备

（一）选定主持人（2 人）

（二）各队员搜集父亲或母亲照片一张

（三）家长准备与孩子的合影一张，并讲述与孩子间印象深刻的故事，交于辅导员老师，做成 PPT

（四）分小队搜集感恩父母的音乐、故事、诗词等

（五）布置教室

四、活动过程

（一）队会开场仪式

（二）活动内容

五、活动一：聆听歌曲，激发共鸣

（一）多媒体播放歌曲《天之大》，用歌曲中孩子对母亲深深的依恋，唤起孩子们的共鸣，触动孩子们心底柔软的心弦

妈妈月光之下，静静地我想你了，静静淌在血里的牵挂。

妈妈你的怀抱，我一生爱的襁褓，有你晒过的衣服味道。

妈妈月亮之下，有了你我才有家，离别虽半步即是天涯。

思念何必泪眼，爱长长长过天年，幸福生于会痛的心田。

天之大，唯有你的爱是完美无瑕；

天之涯，记得你用心传话。

天之大，唯有你的爱我交给了他，

让他的笑像极了妈妈。

（二）主持人请同学谈听完歌曲后的感受

六、活动二：图片展示，体会点滴

（一）大屏幕出示图片《雨中》：倾盆大雨中，妈妈和孩子共撑一把伞。

孩子身上滴雨未沾，而妈妈却被淋湿了半边身子

（二）主持人提问

1. 从图片中看出了什么？

2. 妈妈的爱除了在这一把小小的伞里，还藏在哪些地方？

3. 母爱如水，父爱如山。有父母的呵护，我们才能平安快乐地长大。在平时的生活中，父母的爱又在哪里？

七、活动三：爱要大声说出来——感恩于心

第一小队：情景表演《地震中的母爱》

2008 年 5 月 12 日下午两点，四川省汶川县八级特大地震。救援时，在废墟里发现一位早已停止呼吸的母亲，双膝跪地，整个身体呈弓状，双手使劲撑着地面。而她的身下，一名婴儿正在酣睡。当医护人员解开孩子的小被子时，发现了一部手机，上面还有一条写好的短信："亲爱的宝贝，如果你还活着，请你一定记住，我永远爱你！"

伟大的母爱抨击孩子们的心灵。这就是母爱，用生命诠释的母爱！

第二小队：讲述故事《爸爸妈妈》

当你还很小的时候，他们花了很多时间教你用勺子、用筷子吃东西，教你穿衣服、绑鞋带、系扣子，教你洗脸……如果有一天他们站也站不稳，走也走不动的时候，请你紧紧握住他们的手，陪他们慢慢地走。就像，就像当年他们牵着你一样……

第三小队：《夸夸我爸妈》

队员展示爸爸妈妈的照片，从不同角度介绍自己的爸爸妈妈（外貌、工作、特长……）。

第四小队：合唱歌曲《父亲》

八、活动四：听听我的心——家长展示

如果说孩子对父母的爱是一颗雨滴，那父母对孩子的爱就是一片大海；

如果说孩子对父母的爱是一丝绿叶，那父母对孩子的爱就是整座森林。

（一）大屏幕播放 PPT（背景音乐《时间都去哪儿了》）

（二）父母们在音乐声中朗诵诗歌《宝贝》

宝贝

当你第一声啼哭在我耳边响起的时候

当你第一次睁开眼睛探索生命的时候

当你第一次睡梦中也开口欢笑的时候

我的宝贝

你就是我们的幸福我们的阳光

宝贝

你还记得吗？

坐在蛋糕盒里当蛋糕

两只小手套着袜子学青蛙

蹲在地上用饼干喂蚂蚁

哦，太多太多了

宝贝

你可知道这一切都深深烙印在我们心坎里

从来没有模糊过

从来没有遗忘过

因为你

我们的空气变得香甜

因为你

我们的笑容更加明媚

来吧，宝贝

张开我们的臂膀

我们知道你终要长大

我们知道你终将有自己的生活

让我们像小时候一样紧紧地拥抱吧

因为

任岁月沧桑

任时间荒芜

我们只想告诉你

我们永远爱你

九、活动五：爱要勇敢做出来——感恩于行

世界上最伟大最无私的爱，就是父母给予孩子的爱。这份爱是温暖心灵的阳光，是滋润心灵的雨露，是净化心灵的彩虹，是灌溉心灵的沃土！这份爱如此沉重，我们无以为报。这份爱如此沉重，我们不得不报！

（一）主持人引导队员们进行交流讨论：怎样用自己的行动来回报亲爱的爸爸妈妈？

（二）制定"幸福的约定"计划

1. 每天一声问候

2. 每天一个拥抱

3. 每天一杯热茶

十、队会结束仪式

辅导员总结：是的，天之大，唯有父母对孩子的爱完美无瑕。上天给了你们一双明亮的眼睛，让你们去寻找爱；给了你们一双聪颖的耳朵，让你们倾听爱；给了你们一颗柔软的心灵，让你们感受爱。让我们敞开心扉，在接受父母的爱的同时，也能学会付出，用你的实际行动去报答我们的爸爸妈妈！

学会感恩

——母亲节主题班会设计

陈鑫鑫

一、活动目的

（一）通过比较，让学生体会母爱是伟大的、无私的

（二）让学生回报亲情，把对父母的爱付诸实际行动

（三）让学生把爱延伸到社会，能用感恩的心去对待自己身边的亲人和老师

二、活动准备

（一）让学生查找日历，确认今年母亲节的时间

（二）准备卡纸、彩笔

（三）手语歌《感恩的心》

（四）制作幻灯片

活动形式：介绍、表演、宣誓

三、活动过程

（一）谈话导入

1. 同学们，你们知道是谁给了我们生命吗？（预设：妈妈）

2. 母亲节马上就要到了，今天我们的班会主题就是学会感恩

3. 师生齐读课题并启发学生理解主题含义

（二）调查统计

1. 同学们，你能说出母亲节是哪一天吗？（5 月份的第二个星期日）

2. 今年的母亲节是几号？（11 号）

3. 今天是 7 号了，还有几天就是母亲节了。你给妈妈送过礼物吗？你知道妈妈的生日吗？有没有给妈妈过生日？妈妈给你过生日了吗？让学生都说一说

教师小结：通过刚才的调查可以看出，你们对妈妈的关爱还太少。

（三）了解母爱的伟大与无私

1. 妈妈对你们的爱不仅表现给你们过生日上，还为你们做过很多很多的事情，请同学们回忆一下从小到大妈妈都是怎样关爱你的？学生交流

（预设：我生病了，妈妈陪我去医院；我的衣服破了，妈妈给我缝补好……）

2. 教师简单讲解一下母亲从怀孕到养育我们长大成人，付出多少艰辛，让学生从中体会妈妈的辛苦

（四）说一说自己对母亲的爱

1. 妈妈的爱是无私的，伟大的，她们为你们付出了这么多，你们又为她们做了些什么呢？学生交流

（预设：我帮妈妈洗碗；我帮妈妈扫地；妈妈生病了，我帮妈妈拿药、端水……）

2. 同学们都说得很好，说出了自己做的好事。但是老师也知道有些同学做得不够好。比如：回到家，躺在沙发上看电视，什么事都不做；做错了事情，妈妈批评的时候顶撞妈妈；在家乱花钱等等

3. 那么在母亲节到来之际，你们想用什么方式感谢自己的妈妈呢？学生交流

（五）实施回报方案

1. 给妈妈一份惊喜

送一份独特的礼物给妈妈，如自己设计的贺卡或小制作；给妈妈洗洗脚；汇报最近通过努力取得的进步和成绩；一封感谢母亲的信……

2. 帮母亲做家务

放学回家帮助干家务，向父母表示关爱。

3. 陪妈妈聊聊天

陪妈妈聊聊天，说说学校发生的事，同学之间的事，自己的心情。听听妈妈工作的事，在沟通中积累情感。

今天老师给你们带来了卡纸，你们可以自己设计，制作一张卡片并写上祝福妈妈的话语。等你们回家的时候送给妈妈，好不好？

（六）主题的拓展

今天我们主要聊了妈妈对你们的爱，但除了母爱，还有师爱、亲人的爱、朋友的爱、社会上的爱。老师希望同学们在接受这些爱的同时，也能以一颗感恩的心去对待别人。

播放课件：誓词

感谢我的父母，您给了我生命，教我学走路，教我学说话，让我健康地成长；感谢我的老师，您给了我教诲，教我学知识，教我学做人；感谢我的朋友，你给了我纯真的友谊，教我学会关爱，让我充满了希望。感谢社会，感谢人生。我一定自理、自立、自尊、自强，健康成长！

师生一起宣誓。

（七）教师小结

通过今天的活动，老师希望同学们能有一颗孝心。从现在做起，从小事做起，把爱体现在一言一行中，去关爱自己的父母，去爱身边的每一个人。

（八）在手语歌曲中结束活动

同学们，我们前段时间学过一支手语歌《感恩的心》。下面就让我们随着歌声表达出我们的心声吧！（师生一起手语表演）

我是廉洁小导游

——主题班会

仇　琪

一、活动目的

（一）让学生知道廉洁是中国传统的良好美德，了解身边的廉洁事迹

（二）弘扬廉洁精神，让学生懂得从我做起，树立对社会的责任感和遵纪守法的意识

二、活动准备

（一）要求学生查阅资料，了解廉洁的含义、古今中外关于廉洁的感人故事、廉洁的名言警句

（二）相关 PPT、图片等

三、活动过程

师：（带上旅游帽，拿起导游旗，响起车鸣声）同学们，我们要出发啦！赶快坐上这趟廉洁之车，我们一起开启这趟廉洁之旅吧！（PPT 汽车图片，路线图）

（一）第一站：故乡的廉洁

（播放 PPT，宁海正德堂）

师：正德堂是宁海县廉政文化教育基地之一，在县委县政府的重视下，由县纪委牵头，前童镇党委政府着力打造，2013 年动工，2015 年竣工，共分为两个层面，三个展区，十八个展点。

第一层面讲"廉洁"，展区为天井和一楼，主要讲前童先贤尊儒重教、福泽桑梓、报效国家等动人事迹。第二层面讲"廉政"，展区为二楼，主要讲县级以上官员"清廉""勤政""爱民""奉公"的光辉范例，以及新中国成立以来，我党历任干部为建设宁海、造福百姓，殚精竭虑，无私奉献，甚至不惜牺牲自己宝贵生命的先进典型。

（图片或视频）这里面讲述了许多我们宁海县的廉洁勤政的光辉人物和事例。大家看！这里就有他们中的一个故事呢！

（学生上台讲述）

师：谢谢我们小导游的分享，这真是一趟有意义的旅行！

（二）第二站：身边的廉洁。（车的路线图，学校照片）

1. 说说你心中的廉洁：预设：不贪污，正直无私，不拿别人的钱，诚信。

师：廉洁对我们并不遥远，我们小学生可以从小做起，从诚信做起。

2. 身边的诚信情景剧。

师：这一站你玩得开心吗？让我们继续旅行吧！

这趟旅行很长哦，因为目的地是我们的内心。听！旅行的途中响起了美妙的歌声呢！

3. 歌曲表演。

（三）第三站：心中的廉洁

1. 心语分享

（1）诉说心中的话

（2）写一写心中的话。（空白卡片，贴卡片）

（3）交流心语

（4）小组口号（横幅）

（5）在歌声中读名言警句

师：今天的旅行结束了，你们开心吗？记得给导游五星好评哦！

童蒙养廉洁，攀比说再见

——主题班会

陈彦秀

一、活动目标

（一）通过情境扮演、评论，懂得和别人比吃穿是虚荣攀比的表现。

（二）引导学生联系生活，反思自己的行为，懂得"讲节约，不攀比"的道理，初步形成正确的廉洁观和健康的消费观。

（三）宣扬节俭是一种美德，在实际生活中做到不攀比，反对攀比，养成勤俭节约的好习惯。

二、活动准备

（一）PPT

（二）情景剧排演

（三）相关故事

三、教学过程

（一）情境导入，认识攀比

观看情景剧《小刺猬烫发》

思考1：小刺猬要不要去烫发？

思考2：这时候，小刺猬心里怎么想呢？

教学目标：认识攀比，知道攀比的危害。

（二）小小评论员：辨析攀比

过渡语：小刺猬和攀比说再见后，拉直了刺，高高兴兴地来到学校，听到河马和狮子在门口争论。

1. 攀比汽车

我爸用奔驰送我上学，威风！

我爸用宝马送我上学，更威风！

同桌讨论：请你来当评论员，说说他们的做法对不对，为什么？

安慰小兔：你是她的同学，会怎么安慰小兔子？

小组合作提示：

（1）一人当小兔

（2）其他三人当同学

不攀比，车子是出行工具。同学之间互相帮助。电动车更加环保。

（三）心语分享：和攀比说再见

1. 联系自己生活实际：小朋友们，在生活中有没有和别人攀比呢？比如自己的穿着、玩具、文具用品等

2. 学生自由发言，谈自己的经历和感受

3. 教师小结

看来，我们大多数人都曾有与别人"比"的经历，有些同学喜欢相互攀比，并且喜欢在同学面前炫耀，这不仅制造了同学之间的矛盾，而且也影响了学习。在生活、学习中，与别人比是很正常的，但比得不恰当，不仅不能实现自己的愿望，而且还会给你带来许多烦恼。同学之间要相互团结，相互关心，多聊有关学习的事。

（四）小小擂台赛

过渡：和攀比说再见，攀比要不得，我们应该把精力放到学习上！

1. 小小擂台：可以比什么呢？

2. 比讲故事：比不是目的，只要尽力了，输赢都不遗憾。

（五）三字经、拍手歌

1. 三字经：莫攀比

人之初，性本善。

性相近，习相远。

苟不教，性乃迁。

教之道，贵以专。

爱资源，最光荣。

若浪费，真可耻。

父母劳，不容易。

好习惯，要养成。

讲节约，说勤俭。

艰和苦，莫忘记。

小朋友，正年少。

不攀比，养廉洁。

2. 拍手歌

你拍一我拍一，艰苦朴素莫忘记。

你拍二我拍二，父母艰辛不能忘，

你拍三我拍三，不要和人比吃穿。

你拍四我拍四，铺张浪费最可耻。

你拍五我拍五，爱惜资源知荣辱，

你拍六我拍六，杜绝攀比不将就，

你拍七我拍七，童蒙养正有意义。

附：（1）廉洁故事《颜回》《司马迁退宝玉》《王安石辞宝砚》《公仪休

不受鱼》《拒收金错刀》《林则徐拒贿拾遗》《公仪休不受鱼》。

（2）剧本：

小刺猬烫发

场景一：理发店内

人物：小刺猬，螃蟹理发师，小狮子，乌鸦

道具：小刺猬、小狮子烫发前后的头套，乌鸦、鹦鹉的头套，螃蟹理发师的钳子剪刀（套手上），凳子，镜子

螃蟹理发师站在场地中间，挥舞着大钳子；小狮子、乌鸦、小刺猬站在场地一边。

螃蟹理发师：来，瞧一瞧，看一看，我们潮流理发店"双十一"搞活动咯，烫发染发低至1.1折，机不可失，失不再来啊！

小狮子：（上前）这么便宜啊？

螃蟹理发师：是啊！错过今天要再等一年啊！

小狮子：你烫得好不好看啊？

螃蟹理发师：不好看、不满意，我不要你一分钱。我呀，保证你烫完之后回头率百分百！

小狮子：（捧着脸，害羞的样子）真的啊？那好，你给我烫吧！

小狮子坐在凳子上，螃蟹理发师举着钳子剪刀在小狮子头上弄来弄去，然后给小狮子换头套。

小狮子：（拿起镜子，左看看，右看看）哇，真的好漂亮啊！我真是太满意了！谢谢，谢谢……（退场）

乌鸦：（上前）奥……心灵手巧的螃蟹理发师啊！我……我天生羽毛灰暗，小伙伴们都不爱跟我玩，我希望能像鹦鹉一样，有着五颜六色的羽毛，走到哪都是一道亮丽的风景线，你可以帮帮我吗？

螃蟹理发师：好啊！那你就选择这个染烫一体的套餐吧！我保证你会被自己的美丽惊艳到的。

乌鸦坐在凳子上，螃蟹理发师举着钳子剪刀在乌鸦头上弄来弄去，然后

给乌鸦换上鹦鹉的头套。

乌鸦：（拿起镜子，看了看自己）天哪……原来我可以这么美，真是太不可思议了。感谢我最最亲爱的螃蟹造型师。（退场）

小刺猬：（慢慢地，犹豫着上前，面朝观众）他们烫了头发之后都变得好漂亮啊！我……我要不要也去烫发呢？

陈老师出场：小朋友们，小刺猬不知道要不要去烫头发，你们来帮它出出主意吧！你觉得小刺猬也该去烫头发的请举绿色的牌子，觉得小刺猬不该去烫头发的请举红色的牌子，并简单地说说你的理由。

……

陈老师：小刺猬最终是怎么决定的呢？我们来看……

小刺猬：我当然也要烫头发啦！而且我要烫的比小狮子和小乌鸦更好看，把他们比下去。（转身）螃蟹理发师，请你帮我烫一个比他们更漂亮的头发吧！

小刺猬坐在凳子上，螃蟹理发师举着钳子剪刀在小刺猬头上弄来弄去。

螃蟹理发师：小刺猬，你的头发太硬了，烫不卷，要不我先给你用一个软化剂，把你的头发弄软。

小刺猬：好的，怎么好看你就怎么弄吧！我相信你的技术。

螃蟹理发师给小刺猬换头套。

螃蟹理发师：好了。

小刺猬：（照镜子，转一圈）烫了头发就是好看，你们看，现在的我多美啊！我是森林中最最最漂亮的小动物了，哈哈哈……（小刺猬和螃蟹理发师一起退场，撤凳子）

场景二：森林里

人物：小刺猬、大灰狼、獾

道具：小刺猬、大灰狼、獾的头套，刺三四根，苹果

苹果在地上零散地放着。

小刺猬：哇，好红的苹果呀，一定很好吃，我要运几个回家，放起来慢慢吃。

小刺猬在地上打滚，然后站起来看看自己的背，又在地上滚一圈，站起来看看自己的背。

小刺猬：（带着哭腔）为什么我的刺没办法收集苹果了？这可怎么办呀？

大灰狼：哈哈哈！小刺猬，可算找到你了！听说你为了攀比，为了和小狮子和乌鸦一样美，把自己的刺给烫卷了，这正合我意呢！以前，我怕你那坚硬的刺扎的我嘴巴疼，不敢吃你，现在我可不怕了，嘿嘿嘿……大灰狼举起两只大爪子，向小刺猬走去。

小刺猬：（练练往后退）你不要过来，你不要过来，救，救命啊，谁来救救我……

陈老师出场：小朋友们，小刺猬没有听你们的话，它还是选择了烫头发，现在可好了，它不仅不能运果子了，还遇到了凶狠的大灰狼，现在有了生命危险，你们猜一猜，接下来会发生什么呢？

……

陈老师：看来小朋友们很有同情心，虽然小刺猬做错了，但是还是希望最后有人来救它。到底有没有人来救救可怜的小刺猬呢？我们继续来看。

獾上场。

獾：小刺猬，你别害怕，我们来救你了！大灰狼，你别乱来，哼，我身上的刺可不是好惹的。

獾大摇大摆地朝大灰狼走去。

大灰狼：（落荒而逃）哎哟，哎哟，疼死我了，小刺猬你给我等着，他们保护得了你一时，保护不了你一世，下次别让我碰到你。

獾：小刺猬，多危险啊！我们身上的刺不是用来装饰的。它不光能帮我们背果子，还能让我们抵御危险，保护自己。你怎么可以随便把刺弄卷呢？

小刺猬：我错了，都怪我喜欢跟别人攀比，差点丢了性命！我这就去理发店把刺弄直！

（结束）

"光盘"行动，从我做起

——主题班会

王钰莹

一、活动背景

政府自上而下推行"转作风""反浪费"，开始厉行节约，起到了立竿见影的效果。很多公民开始从自身做起，减少浪费，为弘扬勤俭节约的传统美德。为引导广大师生、家长养成健康文明的生活习惯，决定开展"'光盘'行动，从我做起"主题活动。

二、活动目标

（一）通过此次班会，明白珍惜粮食的意义，懂得如何珍惜粮食，关键是从自己做起，从点滴做起。

（二）参与"光盘"行动，把珍惜粮食落实到平时的生活中，并能相互监督，共同进步。

三、课前准备

收集视频、图片，排情景剧、歌舞、快板，制作多媒体课件，制作板书。

四、活动过程

主持人开场

甲：尊敬的老师

乙：亲爱的同学

合：大家下午好！

甲：我是主持人，×××。

乙：我是主持人，×××。

合：××班"'光盘'行动，从我做起"主题班会现在开始。

（一）发现浪费粮食的现象

1. 发现身边的浪费现象

甲：同学们，在我们身边一直滋生着一种不良现象。你是否注意过呢？大家请先看视频。（播放浪费视频）

甲：在视频中，你看到了什么？

生：我看到了很多同学把不喜欢吃的饭菜都倒了，还把很多饭和菜掉到了桌子上。

生：我看到餐厅的桌上都剩下好多好多菜，几乎没怎么吃过就不吃了。

生：我看到一大桶一大桶的粮食被倒掉，我觉得好可惜。

2. 认识自身的浪费行为

师：那同学们在平时吃饭的时候有没有过浪费粮食的行为呢？接下来根据自己的实际情况填一填这个调查表。

调查表：你有过以下浪费粮食的行为吗？有的请打勾"√"。

- 有时候没胃口，盛的饭菜吃不完，就剩下来倒掉。
- 遇到不喜欢吃的饭菜，就剩下来或者挑出来不吃。
- 有时一家人去外面吃饭，点了一大桌的菜，却吃不完。
- 吃饭的时候，总会把饭菜和菜掉到桌子上，浪费了。
- 其他：_____

设计意图：利用采集的视频，呈现生活中、食堂里各种浪费现象，让学生注意到自己平时意识不到的剩菜剩饭所造成的浪费。再通过填写调查表的形式，给学生一定的时间去反思自身身上的浪费行为，意识到浪费可惜。

（二）认识缺粮现状，懂得珍惜粮食

1. 认识非洲缺粮现状，懂得珍惜粮食

师：看来，在我们身边，包括我们自己身上都有着各种浪费粮食的现象。然而，在同一片蓝天下，还生活着这样一群人（出示非洲饥饿图片）。

图片一：两个向人讨要食物的孩子。

图片二：一个骨瘦如柴的孩子。

图片三：一个孩子将要饿死，一旁的老鹰吃孩子的肉。

2. 认识中国缺粮现状，懂得珍惜粮食

师：其实不仅在非洲，在我们中国也有许多人遭受饥饿的折磨，你看到或听到过吗？

学生举例生活中的所见所闻。

师：像这样的现象，其实还有很多很多（出示中国饥饿图片）。

师：看着他们，回头算一算我们自己的浪费，全班如果每个小朋友每天浪费一粒米，一年就是14600粒，相当于27碗饭。全中国每年浪费食物总量折合粮食约500亿公斤，相当于2亿人一年的食物。

师：现在你还想对浪费的人们说些什么呢？

学生纷纷表示，世界上竟然还有那么多的人遭受饥饿的威胁，而我们却在浪费，意识到浪费可耻，应该学会珍惜。

设计意图：先是呈现遥远的非洲饥饿，再到近邻的中国接，层层递进，震撼学生的内心，让学生真真切切地感受到缺粮带给人们的折磨和痛苦。再通过计算让学生看到，一次不起眼的浪费，累积后竟是一个非常巨大的数据，可以拯救无数人的生命，意识到浪费可耻。

（三）感受来之不易，懂得珍惜粮食

1. 模拟米饭的来历，感受粮食来之不易

甲：那同学们知道我们南方人的主要粮食米饭是怎么来的吗？接下来让我们一起欣赏同学们为我们带来情景剧《小稻秧脱险记》。

学生上台表演情景剧

乙：看了刚才的《小稻秧脱险记》，你觉得我们应该怎样对待粮食呢？

生：看了情景剧表演，我觉得粮食非常来之不易，我们应该尊重农民伯伯的劳动成果，从一点一滴做起，珍惜每一粒粮食。

乙：说到这儿，同学们有没有想起前不久语文书里学过的一篇课文？

学生回答：千人糕

乙：那《千人糕》里告诉了我们千人糕是怎么来的呢？

生：是千千万万人辛苦劳作换来的。

2. 欣赏歌曲悯农，懂得珍惜粮食

乙：是的，我们所有的食材都是千万人辛苦劳作换来的。早在唐代，诗人李绅就告诉我们粮食来之不易，粒粒皆辛苦。接下来请欣赏歌曲《悯农》。

学生上台表演歌舞

甲：感谢以上同学为我们带来的精彩表演。看，这就是千千万万辛苦劳作换来的白米饭、肉和菜，如果这一盘就是你的中餐，你会怎样对待它呢？

生：我一定会吃光他！

设计意图：通过情景剧表演和家喻户晓的古诗歌唱表演，渗透米饭的来之不易，让学生感受到农民伯伯的辛苦，激起学生爱惜一粥一饭的情感。最后，利用一盘中餐，激发学生参与"光盘"行动的渴望。

（四）践行"光盘"行动

1. 社会"光盘"行动

（1）宣传活动

甲：对！我们要吃光他！其实，在 2013 年的时候就有网友率先在网上提出了"光盘"行动，鼓励人们吃光盘里的饭菜。同学们请看，这是全国各地都在做的关于"光盘"行动的宣传活动（出示宣传活动图片）。

乙：餐厅里还有各种宣传"光盘"行动的标语（出示标语图片）。

甲：除此之外，还有些餐厅利用"光盘券"的方式号召人们吃光盘里的饭菜。

（2）采访视频

乙：我们的小学生记者还去餐厅采访了那里的工作人员，在家里采访了自己的爸爸妈妈，让我们一起来看一看（播放采访视频）。

2. 自身"光盘"行动

（1）小组讨论，出谋划策

甲：各行各业的大人们都给我们做了很好的示范。现在请同学们想一想，如果再遇到和刚才调查表中相类似的现象，你会怎么做呢？接下来每组根据拿到的话题进行小组讨论，组长负责总结组员的想法。

讨论：

①有时候没胃口，吃不了很多饭菜，那该怎么办？

②学校食堂里给你准备的饭菜你不爱吃，应该怎么办？

③小洁一家三口去餐厅庆祝生日，一口气点了十多个菜，你想对小洁说什么呢？

④在外面餐厅吃饭的时候，如果实在吃不了，剩很多，该怎么办？

⑤吃饭的时候，有些小朋友总会把饭粒和菜掉到桌子上，你有什么好办法可以帮助他吗？

⑥当你发现有的同学把吃不了的饭菜准备倒掉时，你该怎么办？

各小组汇报并总结出口号：吃多少，盛多少。不偏食，不挑食。订餐时，要适量。细嚼咽，讲文明。吃不完，打包走。坏习惯，要劝阻。

（2）"光盘"达人，榜样激励

乙：老师前几天在我们班里，还捕捉到了许多"光盘"达人的身影，我们一起来看一看（出示学生光盘的图片）。

乙：现在请这些同学上台。接下来请老师为这些同学颁奖。让我们把掌声送给这些"光盘"达人。

（3）快板表演，承诺宣誓

甲：相信同学们现在都已经知道如何节约粮食，做"光盘"达人。接下来让我们一起欣赏快板《爱惜粮食》。

学生上台表演快板

设计意图：社会上各行各业的宣传活动和家里父母的言传身教，为学生如何践行"光盘"行动做了很好的示范。在此基础之上，学生分小组讨论第一环节调查表中出现的浪费现象，想出了六条解决策略，非常贴切实用，有助于学生将"光盘"行动落到实处。

（五）课堂总结

乙：接下来请老师给我们今天的班会课进行小结。

师：这节班会课，我们的主题是："光盘"行动，从我做起。在这节课中我们认识到了盘中餐，不浪费，要珍惜。经过大家献策献计，总结出了：吃多少，盛多少；不挑食，不挑菜；吃不完，要打包等等，这么多的金点子。

我们相信，我们每个人从现在开始都会更加节约粮食，养成餐餐"光盘"的好习惯，更希望我们少先队员以后人人都是"光盘"达人，用我们的小手拉家人的大手，让所有人都能做到"光盘"。

设计意图：节约粮食，是每个人应尽的义务。行动落实非常关键，所以在课堂尾声，和学生一起回顾"光盘"策略，并鼓励学生养成餐餐"光盘"的习惯，鼓动学生将节约粮食的习惯带给更多的人。

（六）板书设计

廉洁修身　节俭于行

——"廉俭教育"主题队会

麻维维

一、活动目的

（一）培养学生从现在做起，从自我做起，努力提高自己的思想品德修养，做一个敬廉崇洁、诚信勤俭的好孩子，为他们奠定终身廉洁做人的品德基础。

（二）力求通过这次活动，把廉俭文化与校园文化结合起来，在全校营造廉俭清风满校园的良好氛围。

二、活动对象分析

六年级的学生已经能初步感知"敬廉崇俭"是我们中华民族的传统美德，但他们对勤廉的认知尚浅，不能系统准确地认识"廉洁修身，节俭于行"对自身、家庭以及整个社会的重要性。

三、活动准备

（一）排练小品《不差钱》

（二）收集关于廉洁、节俭的格言，读格言

（三）学生搜集廉洁、节俭小故事

（四）教师准备主题班会课件

（五）教师准备各色条形卡纸

四、中队队会仪式步骤

（一）全体起立，立正

（二）列队，报告人数

（三）出旗，奏出旗曲，行礼（礼毕）

（四）唱队歌

（五）全体坐下，活动开始

（六）辅导员讲话

（七）全体起立，立正

（八）呼号

（九）退旗，奏退旗曲，行礼（礼毕）

五、活动过程

开始部分

中队长：全体立正，各小队整队，报告人数。

小队长：稍息，立正，报告人数。（转身跑到中队长面前互相敬礼，报告）报告中队长：第××小队原有队员××人，实到××人，报告完毕。

中队长：接受你的报告！

小队长：（跑回原位）稍息！

中队长：全体立正！（跑到中队辅导员面前，敬礼，报告）报告辅导员，××中队应到××人，实到××人，列队完毕，请批准我们的活动开展，并请您参加我们的队会，报告完毕。

辅导员：接受你的报告，参加你们的队会，并预祝你们活动成功。

中队长：全体立正！棋手出列、出旗（放出旗曲）——敬礼——礼毕。

中队长：唱队歌（文娱委员出列指挥）（播放队歌）——请坐。

（主持人：×××、×××）

甲：尊敬的老师。

乙：亲爱的同学们。

甲乙：××中队"廉洁修身 节俭于行"主题队会现在开始。

（一）故事明理知廉俭

甲：我们的祖国是一个有着悠久历史和灿烂文化的大国。在5000年的历史长河中，中华文化哺育着中华儿女。

乙：中华民族自古就是一个诚实守信、勤俭节约、正直无私、自律自强的民族。古往今来有多少清廉的干部，俭以养德，廉以立身，为国为民，流芳百世。

下面请听×××给我们讲述《铁面无私的包拯》。

甲：听了这个故事，你想说什么？你还知道哪些廉俭的故事呢？给大家听一听。下面有请×××带来《人民廉洁的好总理》。

（二）才艺展示颂廉俭

1. 歌曲演唱

乙：总理带了一个好头，让我们知道什么是廉俭。

甲：同学们也应该"知荣辱，明是非"，了解廉俭的重要性，只要每位同学有廉俭之心，那我们的国家的未来将更美好。

合：下面请听×××、×××等同学带来的小合唱《八荣八耻歌》

2. 诗歌朗诵

甲：谢谢，她们给我们带来这么好听的歌曲。就像歌里唱的以热爱祖国为荣、以危害祖国为耻，我们应该从小树立"崇高廉洁，弘扬文明"的意识，与反腐斗争到底，弘扬中华优良传统。

乙：是的，培养健康的道德观念、拥有健全的法制意识

甲：让我们张开翅膀，飞得更远。下面有请×××给我们带来诗歌朗诵。

乙：听完×××，×××在下面也按捺不住了，那让我们请上×××吧。

3. 作品展示

甲：谢谢这两位同学精彩的诗歌朗诵。

乙：这次，×××同学听说要开主题班会，也准备了一幅书法作品，我们有请她上场。

（现场展示×××的书法作品）

（PPT 展示手抄报作品）

（三）走进时事聊廉俭

甲："反腐倡廉"对小学六年级的我们来说似乎还过早，但我们正处在人生观、道德观、价值观和世界观的形成阶段，最容易受外来不良思想的侵袭，及早进行廉洁教育，就如同提前为我们筑起一道"反腐墙"，让廉俭根植在我们心田，让我们扬起敬廉崇俭之风，立下勤廉报国之志。

1. 观看 CCTV 的法治在线栏目

乙：同学们，廉俭是我们中华民族的传统美德，是每个领导官员必须具备的品质。可是如今，仍然有人淡忘了廉俭，玷污了廉俭，走上了贪污腐败的道路，现在请大家一起来看一则因为贪污腐败而走上不归路的新闻。

（播放视频课件）

2：你言我语聊廉俭　生活点滴系廉俭

（1）浪费可耻

甲：廉洁是我们要扎根在心里的良好品质，而节俭是我们中华民族的又一优良传统，无论我们的生活变得多么富有，我们都不能抛弃这一优秀品质。

乙：如今我们的生活条件的确比我们爸爸妈妈小时候、爷爷奶奶那会儿不知道强多少，但"勤俭"这个曾经被普遍推崇的品格，正在被越来越多的人所遗忘。生活中有时甚至会出现这样的现象，请看由×××、×××等同学带来的小品《不差钱》。

（2）节俭光荣

甲：同学之间可能就有攀比、有浪费的现象，我们应该头脑清晰，作为学生我们该比的是谁学习刻苦努力，而不是谁穿的好用的好；我们该比的是谁更勤俭节约，而不是谁的家境更好。

乙：是啊，小品里的朱恒同学多么了不起，平时省吃俭用，到给灾区人民捐款的时候却把所有的零钱都捐了出来，而那个杜伟同学一向大手大脚，到了该慷慨的时候却如此吝啬，希望大家都向小品里的朱恒同学学习，勤俭节约的我们才最光荣。

甲：我们来看看这些可爱的面孔。

（PPT 展示光盘行动）

乙：光盘行动前，我们一桌同学的剩饭剩菜就有大半盆，现在连剩菜盆都空空如也，每个同学都在光盘，都在行动！

（3）穿针引线行节俭

甲：下面到了轻松一刻，我们来做一个小游戏，请四位选手上台。

乙：游戏规则：四位选手要自己穿针引线，然后开始缝扣子，时间 3 分钟，看谁在规定的时间里缝得又快又多又好，最后请辅导员担任评委。一等奖一名，其他均为参与奖。

甲：计时开始。（游戏时间）

乙：其实，生活中还是需要我们缝缝补补的，有时衣服上的纽扣掉了，有时候衣服破了个小口子，只要我们花上短短的几分钟，就可以做到节俭，不至于浪费。

甲：聚沙成塔，集腋成裘。我国有 13 亿多人口，如果我们每人每天节约一元钱，全国 13 亿人一天就能节约 13 亿元，一年就能节约大约 5000 亿元，这笔钱可以新建 50 万所希望学校，能让所有的失学孩子重返校园。

乙：最重要的是，勤俭省下的不仅是物质财富，而且是一笔丰厚的精神财富。同学们，为了祖国的天更蓝、水更清、地更绿、人更美，让我们立即行动起来吧！

响应"小手拉大手，共创廉俭风"的号召，现在征集"廉洁修身　节俭于行"的小标语。

请同学们将自己的小标语写在发的条形彩色卡纸上。

3. 廉俭进家门

课后请以"小手拉大手，共创廉俭风"为主题给家长写一封信。

六、结束部分

（一）中队长：立正，请辅导员讲话。

辅导员：队员们，今天我们××中队"廉洁修身　节俭于行"主题队会活动，在大家的认真准备和积极参与下，终于成功举行了。大家通过活动，更深刻地理解了崇尚廉俭的重要性。老师真心地希望，队员们从现在做起，从自我做起，努力提高自己的思想品德修养，做一个敬廉崇洁、诚信勤俭的好孩子。因为我们传承着中华民族的希望，担负着建设未来的重任，无论我们今后从政、经商还是从事其他职业，都应该从根本上懂得"廉洁修身　节俭于行"的价值，在头脑中根植"廉洁修身　节俭于行"的理念，使"敬廉崇俭"成为中华民族兴国安邦之源。

（二）中队长：呼号，请辅导员老师领呼。

辅导员：准备着，为共产主义事业而奋斗！

队员：时刻准备着！

中队长：全体立正，退队旗，敬礼……礼毕。××中队"廉洁修身　节俭于行"主题队会到此结束。

附：

铁面无私、不收贿赂的包拯

包拯做官以断狱英明刚直而著称于世。知庐州时，执法不避亲党；在开封时，开官府正门，使讼者得以直至堂前自诉曲直，杜绝奸吏。

一些权贵听到包拯执法严明，都吓得不敢为非作歹。有个权贵想打通关节，打算送点什么礼物给包拯，旁人提醒他，别白操心了，包拯的廉洁奉公是出了名的。他原来在端州（今广东肇庆）做过官，端州出产的砚台是当地的特产。皇宫规定，端州官员每年要进贡一批端砚到内廷去。在端州做官的人往往借进贡的机会，向百姓大肆搜刮，私下贪污一批，去讨好那些权贵大臣。搜刮去的端砚比进贡的要多出几十倍。后来，包拯到了端州，向民间征收端砚，除了进贡朝廷的以外，连一块都不增加。直到他离开端州，从没有私自要过一块端砚。

那权贵听了，知道没有空子好钻，也只好罢休。后来开封府的男女老少，没有人不知道包拯是个大清官。民间流传着两句歌谣："关节不到，有阎罗、包老。""阎罗"是传说里管地狱的神，后世则把包拯当作清官的化身——包青天。

只要我当总理，会议厅就不准装修

周总理的廉洁是世界上出了名的，他的影响力是当今无人能比的。在他去世的时候，联合国总部为他降半旗，别的领事有意见，问凭什么。秘书长回答："如果你去世的时候，你能家里没有一点存款，没有一个子女，我也给你降半旗。"那人就默不作声了。

当年在国务院会议厅入口处，有一块镌刻着"艰苦朴素"四个大字的木屏风，这是总理身体力行的工作作风的写照。总理曾说："只要我当总理，会议厅就不准装修。"

1959 年，水利部未经报告请示，在密云水库附近兴建了一座水利建设成就展览馆。有一天，在西花厅开会，总理突然转过头向水利部副部长钱正英说："钱正英，贺老总告诉我，你们在密云水库那里修建一个相当高级的楼，有没有这回事？"钱答："有，是一座水利展览馆。"总理沉默了一会儿，摇摇头，轻声地说了一句："没有想到你们也会办这种事。"钱正英听了羞愧得无地自容，心里像刀割一样难受。如果按现在某些干部的想法，总理既未严厉批评，又未责成处理，既无纪委处分的威慑，更无丢官的危险，完全可以蒙混过关。但在周总理伟大人格的感召下，钱正英回到水利部后，立即在党组会上做了传达。水利部党组随即决定：将这座价值 400 多万元的建筑无偿转让给第一机械工业部的一个研究所，并向中央写了一个深刻检查的报告。

廉俭诗歌：

门前的嘱托

心莫贪，昧心钱。眼莫花，婚外恋。

嘴莫馋，酒肉宴。耳莫听，奉承言。

手莫抻，乱用权。脚莫进，赌博间。

身莫陷，枉法案。纪莫违，守清廉。

廉俭创辉煌

从硝烟弥漫的战场，

到和煦明媚的春光；

从延安窑洞的蜡烛，

到霓虹闪耀的辉煌……

我们的党，

历经岁月与沧桑，

从"小米加步枪"，

到世界民族的脊梁！

历览前贤国与家，

成由勤俭败由奢。

艰苦与勤俭，是我们根植民众的土壤；

清政与廉洁，更是我们代表民众的形象。

"公生明，廉生威。"

先人警句震撼心房；

"取伤廉，与伤惠。"

历史警钟时刻鸣响。

我们的党，

正在——

谨承先人的志向，

开启未来的远航。

清正廉明，

把握航向，

带领着人民，

昂首驶向

世纪的——

辉煌！

"礼仪知识知多少"主题队会

张汕珺

一、活动目的

（一）培养学生良好的日常行为规范

（二）教育学生做个讲文明、讲礼貌的人

二、活动准备

（一）收集礼仪知识问答题

（二）排练相声、快

三、活动过程

（一）全体立正，报告人数

（二）出旗（奏出旗曲，队员敬队礼）

（三）唱队歌

（四）中队长宣布活动开始

男：十二月的冬风吹进了我们的校园，但是我们心中的"文明之花"常开不败。老师们，同学们，大家好！三（3）中队"礼仪知识知多少"主题队会现在开始。

女：冬风吹，阳光照，红领巾，胸前飘，语言美，会说话，行为美，等长辈。请欣赏相声《说话》。

男：《说话》这个相声告诉我们，跟别人说话时可真得讲究点。

女：现在是礼仪知识问答游戏时间，现在有请各小组代表上来代表各小组作答。（等各代表站好后，再宣布问题规则）

游戏规则：各小组代表轮流作答，如有不会答的问题，可以问所在小组任何一位同学。答对一题计一分。

1. 你称母亲的母亲叫什么？（外婆）

2. 你称母亲的兄弟叫什么？（舅父）

3. 你称伯父或叔父的儿子叫什么（堂兄或堂弟）

1. 你称阿姨的女儿叫什么？（表姐或表妹）

2. 你称父亲的姐夫叫什么？（姑父）

3. 你称父亲的母亲叫什么？（奶奶）

1. 迟到的同学在教室门口应先停下脚步，讲什么？（报告）

2. 无论要求别人做什么，都应（　）字当先。（请）

3. 早读下课钟一响，同学们必须到教室走廊集中，排好队，这一过程要做到（　）（　）和（　）用三个字概括出来。（快、静、齐）

1. 我国提倡的礼貌用语十个字是什么？（"您好""请""谢谢""对不起""再见"）

2. 要去同学家玩，事先应得到谁的许可？（双方家长）

3. 请问："不速之客"是什么意思？（没有被邀请而突然到来的客人）

1. 请问："远亲不如近邻"是什么意思？（自己需要帮助时，离自己远的亲友比不上离自己近的邻居。）

2. 在什么情况下，我们应该主动向别人道歉，请讲出三个例子。

3. 在什么情况下，我们应该主动向别人说多谢，请说出三个例子。

男：（各小组轮流回答五次后）本轮问答暂告一段落，请各位代表返回座位。第一轮知识问答结束，现在的得分情况是第一队××分，第二队××分，第三队××分。

女：在日常生活中，人与人之间要讲礼仪，否则就会适得其反。

请看相声《学生礼仪要记牢》。

男：现在是第二轮礼仪知识问答时间。有请各小队代表。

游戏规则：各代表对所问和问题只需回答"对"还是"错"。

1. 夏天炎热，学生可以穿背心、拖鞋进校。（错）

2. 当老师提问时，学生可以在座位上立即回答。（错）

3. 学生与老师谈话时，学生应主动请老师坐。若老师不坐，学生应和老师一起站着说话。若老师请学生坐，则学生可以和老师坐着说话。（对）

1. 每天上学时，家里人都知道，可以不与家人打招呼。（错）

2. 吃饭的时候，正碰上客人来访，可以让客人先等着，自己吃完饭再打招呼。（错）

3. 发自体内的声响，如咳嗽、喷嚏、哈欠、打嗝、响腹、放屁等，是正常的生理现象，在任何场合，任何时候都应当允许。（错）

1. 观看影剧，入场后要戴正帽子，对熟悉的插曲，可以附和唱或手击拍。如果对其中的情节熟悉，也可以向身旁的同学预先做介绍。（错）

2. 女同学天性爱美，可以让她们烫发、涂口红、穿高跟鞋、戴耳环和戴金项链。（错）

3. 在公共汽车上，别人踩了你的脚，应该训斥他一下，如果他不认错，可以和他干到底。（错）

1. 为了赶时间，上学的时候可以一边走路，一边吃东西。（错）

2. 学生进入教室办公室，应先征得老师同意。（对）

3. 在教师办公室的学生如没有特殊情况，不宜逗留太久。（对）

1. 课前准备不是正式上课时间，所以无关紧要。（错）

2. 遵守课堂纪律是种基本礼貌。（对）

3. 我们进入学校大门口和做早操时，才需要系上红领巾。（错）

女：第二轮知识问答结束，现在的得分情况是第一队××分，第二队××分，第三队××分。

请欣赏快板表演《假如》。

男：现在是第三轮礼仪游戏知识抢答时间。

游戏规则：本轮问答每题有 A、B、C 三个答案，答题时只需选其中一个正确的答案。听到开始再抢答，否则作扣分处理。

1. 学生乱翻老师的东西。（B）

A. 是小节问题。B. 是对老师的不尊重、不礼貌。C. 是允许的。

2. 接电话时，如果自己不是受话人，可以怎样做？（C）

A. 应该马上把电话放下。

B. 听筒未放下，就应大声喊受话人来听电话。

C. 要告诉对方："请您稍等一下，我马上把他找来。"

3. 在旅游观光时，兴致来了，可以怎样做？（A）

A. 可以把诗文写在笔记本上。

B. 可以题诗于公共建筑物上。

C. 可以用小刀将自己的名字刻在竹木或树上以作永久留念。

4. 对老师批改时指出的错误（C）

A. 不用订正。B. 可以第二天订正。C. 必须及时订正

5. 人的正常走路姿势是（B）

A. 身体前俯，后仰或左右晃动。

B. 身体直立，两眼平视，两腿有节奏地向前迈动。

C. 两个脚尖同时向里侧或外侧呈八字形走动。

6. 有疑难问题询问别人，别人一时回答不上，应说：（B）

A. 你慢慢想，我等着你。

B. 不要紧，这个问题比较难回答，耽搁了你。谢谢!

C. 原来你也不会，不要紧，我再请教别人。

7. 在奏国歌，升国旗时，戴帽的同学应（C）

A. 行举手礼。B. 立正、行注目礼。C. 脱帽、立正、行注目礼。

8. 在寝室里可以做下列活动（A）

A. 讲故事、诵读古诗、看书。

B. 玩扑克牌、吃肯德基。

C. 喧闹、打架。

9. 夜自修上课后（B）

A. 喝杯茶再就座。B. 迅速回教室坐好。C. 调换位置坐。

10. 我国古代的道德标准包括哪五方面？（A）

A. 仁、义、礼、节、信。

B. 衣、食、住、行、学。

C. 仁、义、衣、食、住。

女：第三轮知识抢答结束，现在的得分情况是第一队××分，第二队×
×分，第三队××分。

最后总成绩第一名是××队，第二名是××队，第三名是××队。

（颁奖：道德风尚奖　积极进取奖）

男：我们是祖国的小雏鹰。

女：文明之花在心中开放。

男：我们是 21 世纪的主人。

女：我们要做 21 世纪的文明人。

男女：让我们插上文明的翅膀，飞向蓝天，飞向美好的未来。

请欣赏歌曲《歌声与微笑》。

主持人："礼仪知识知多少"主题队会到此结束，下面请辅导员老师讲话。

（五）辅导员讲话：在这次队会准备和召开的过程中，我高兴地看到每
一个同学都积极主动、认真地参与到整个活动中来，表现出了极高的主人翁
的精神和热情，希望大家将这种积极进取的精神发扬下去。这次队会非常成
功，大家通过知识问答，认识到习惯虽小，影响却很大。因此，我们要按
《小学生日学行为规范》中的要求规范自己的言行，从我做起，从小事做起，
从现在做起，争做一名文明的小学生。

（六）呼号。

（七）退旗。

当诱惑来敲门

——心辅专题班会

洪丽娜

一、活动目标

（一）让孩子们说说自己身边存在着的诱惑

（二）打开思路，帮助学生正确地看待诱惑

（三）让学生知道面对诱惑的正确做法

二、教学过程

（一）热身游戏"心动选择"

1. 教师一一出示四样具有代表性的物品：文具、玩具、零食、平板电脑，每出示一样物品，请喜欢这样物品的同学举手（师统计人数，出示心动指数）

2. 考验你的时候到了，现在你面前就有一台平板电脑，你会怎么做？（生畅所欲言）

（二）我身边的诱惑

1. 像刚刚我们提到的那些让人特别喜欢、心动的东西可以说都是诱惑，课前我们已经写下了自己身边有关诱惑的事例，谁来说说你的诱惑是什么？

（板贴诱惑）

2. 师随机评价

（1）看来×××对你来说极具诱惑，这就是游戏方面的诱惑，请你来贴上。谁的诱惑也是关于游戏方面的？（举手，再请1~2名学生说说，请同类同学将自己的诱惑贴在"游戏"边上）

（2）这是美食方面的诱惑，谁也存在这方面的诱惑？（再请1名学生说一说，请同类同学贴上）

（3）有关于休闲方面的吗？请你谈谈，请同样存在休闲方面诱惑的同学来贴。

（4）还有谁的诱惑与他们是不同的？请你说说——这是学习方面的诱惑，相类似的同学贴上。

3. 当然，生活中的诱惑可能还不止这些。（板贴省略号）

（三）聚焦网络诱惑

1. 看来生活中有很多事情诱惑着我们，今天我们就来交流一下当诱惑来敲门时，我们能怎么做（揭示课题）。有一个小朋友就被网络游戏诱惑了，我们一起来看一下。（播放视频）

2. 你现在的心情如何？

3. 创设情境：如果时光可以倒流，（1）当张萧逸站在别人身后看他人玩游戏的时候，你想对他说些什么？（2）过了1小时，当张萧逸被吸引，自己也开始在网吧玩起游戏的时候，你想对他说些什么？（3）过了3小时，当张萧逸被网吧老板催着缴费充值的时候，你想对他说些什么？（4）当天色渐晚，张萧逸还在网吧不知白天黑夜地玩游戏的时候，你又想对他做些什么？

4. 张萧逸听进去了你们的劝说，他也认识到再这样沉迷下去他将万劫不复，但他还是忍不住想玩，你们有什么好方法可以帮助他抵制网络游戏的诱惑吗？（小组讨论）

师追问：难道网络游戏只有坏处吗？

5. 小结：是啊，万事万物都有两面性的存在，就看我们怎样去把握。像面对网络游戏这样的诱惑时，只要我们能把握分寸，可能最后会有意想不到的收获。

（四）诱惑，我能面对

1. 刚刚同学们在黑板上都贴上了自己的诱惑，现在请觉得自己已经能解决好诱惑，把握好分寸的同学举手，并说说自己的方法。（请举手的同学上来将卡片拿走）

2. 你能和大家讲讲你的诱惑吗？——你用什么方法来解决呢？（请2～3名学生）

3. 随机抽取黑板上留下来的2～3张诱惑卡，读一读，问：听了刚刚几位同学解决诱惑的方法，对你有启发吗？（有——那你觉得自己可以怎么做呢？还是困惑——谁能帮帮他？）

4. 相信同学们刚刚的交流一定让我们对解决生活中的诱惑有更深的感悟，现在有办法能解决自己诱惑的同学请上来把自己的诱惑卡片揭下。

5. 大部分同学的诱惑都能自己面对了，可老师这儿有个难题需要大家帮帮我。

（1）前不久隔壁班有个男生跑来跟老师说：（播放录音："洪老师，我叫阳阳，我成绩比较差，每次交上去的家庭作业被老师打满了叉，回家总要被爸爸妈妈批评。我现在看到成绩好的同学的作业本就想拿来抄，因为这样我就能全对，爸爸妈妈就不会骂我了。我知道这样不对，可总是忍不住啊。"）

师：录音里的这个男生被什么诱惑了？

师：你有什么好的办法能帮助他吗？

（2）还有一个隔壁班的小女生向老师来信："洪老师，您好！我是五年级的一个女生，我叫小丽。我平时很贪吃，但又不注意锻炼，现在越来越肥了，再也不能跟其他女生那样穿漂亮的衣服了，我好难过。"

师：这个小女孩遇到了怎样的烦恼？你有什么好的方法能帮助这个女生抵制贪吃的诱惑吗？

师：老师会将大家的建议转达给这个女生，相信对她一定有所帮助。

（若还有同学未揭下诱惑卡，师：听了同学们刚刚对阳阳和小丽的建议，老师相信一定对这些同学有所启发，若还是觉得自己无法抵制诱惑的，老师欢迎你下课来找我，我们一起想想办法。）

（五）诗歌总结

当诱惑来敲门

人生的旅途充满诱惑，

当诱惑来敲门时，

不要慌张，不要害怕。

相信自己，总有办法。

适当抵制，改善乱况。

积极利用，转为优势。

当诱惑来敲门时，

你准备好了吗？

——生：准备好了！

准备好了吗？

——生：准备好了！

04

| 育人故事 |

　　每一双纯真的瞳孔都渴望最美的明天。世界上有天使吗？想起昨夜的梦境，天使坐在弯弯的光华上，面庞泛起柔美的笑容，轻轻地向我伸出温暖的手。每一个孩子都是一个天使，独一无二的，值得我们去陪伴。珍惜那些给你温暖和信任的眼神，那是天使在微笑，天使来到你身边，无法拒绝。

扒一扒那些我教过的熊孩子们

仇　琪

有部电影说过，教师的作用就是 impel——激励，用言语鼓励学生，用行动激励学生。我也总是在想，我给自己的学生们带来了什么呢？多年以后他们能记住的是课本里的 aoe，还是我在讲台上的声嘶力竭？有孩子做错了事，我叫过来教育，可以说半小时一小时，结果往往是我越说越激动，滔滔不绝，有时还声情并茂，但也只是感动了自己，再低头看看那孩子一脸迷茫、神游天外的表情，瞬间无力。

我自认是个乐观的人，在工作之前真的没有过心累的感觉，直到我遇到了我教学事业的一道坎——李翊翔。我和李翊翔的"爱恨情仇"是从入学报名时开始的，他被他妈妈牵着来的时候我就看出了他的奇特之处，无它，就在于他那双多动的手，一会儿翻翻讲台上的纸，一会儿拿走了我记录的笔，我板起脸："把笔放下。"没想到他的段位比我还高，立马发脾气扔笔要走，正巧碰上了来巡查的顾校长。我的心立马"咯噔"了一下，作为一名新进的教师，最不想被领导看到的就是我的不成熟。在顾校长的温言柔语下，这家伙立马抱住了顾校长的大腿变成乖宝宝，还从校长身边偷偷看我。"仇琪啊，这个孩子你以后多关注一下哦……"在校长的教育声中，我知道，第一回合我败了。

入学后李翊翔小朋友也没有丝毫改变，学校对他来说只是玩耍的地方，小学就是幼儿园变大了而已。在课堂上从来不学习听讲，玩橡皮、折纸、玩数学教具，他总是能自娱自乐，一不注意他还会离开座位跑出课堂。课下也没什么好朋友，平时最爱来办公室找我，也不说话，能站在那里看我一中午。

　　不过尽管在学校从不学习，李翊翔的成绩并不差，原因在于他有一个好妈妈，回到家由妈妈手把手教他作业。李妈妈的认真负责倒让我不好意思了。以往在学校，我说得最多的是"李翊翔，坐在你的位子上。""李翊翔，回教室去。""李翊翔，坐端正。"若是他能安安静静地坐着，我就谢天谢地了，哪里还敢有别的要求。我想我得对李翊翔再关注一点了，于是，我开始在放学后给李翊翔补课，我的这份好心对李翊翔来说就是折磨了。他的抗拒体现在逃跑上，每次我说"李翊翔今天留下"，他就专门趁我不注意时偷偷溜走。偶尔几次被我抓到拉回办公室，他又好奇心爆发，左边看看，右边摸摸，还找其他老师聊天，就是不好好写作业。于是在第二回合中，我又完败了。

　　到了二年级，李翊翔有了可喜的变化，那就是能安稳地坐在位子上了，他在语文课堂上认真看课外书的样子差点让我热泪盈眶。后来，他还能上交中午作业了，我激动得在班级里隆重地表扬了他。不过好景不长，我和李翊翔迎来了史上最大的挑战，那就是二胎。李翊翔的妈妈生了个小弟弟，一开始，李翊翔是很开心的，还专门跑来邀请我去他家。不过渐渐地他发现妈妈不再围着他转了，于是这个二年级的小朋友迎来了人生的第一次心理转变。他开始搞破坏，不再来办公室找我，我说的一切都敷衍应答。我和他妈妈联系，他在家的情况也是一样。就在昨天，我还因为他浪费粮食，将不喜欢吃的菜扔在地上批评了他，将他带到办公室声情并茂地说了许多，结果他还是满不在乎的样子。哎，想到这些我的心又累起来了。

　　当然，我也有过成功的例子。应雨轩同学在我们班拥有一个特权，那就是可以少写一半作业，这是让全班同学羡慕嫉妒恨的权利，也是应雨轩和我这个班主任不断抗争的血泪史。

应雨轩小朋友脸脏脏的，手脏脏的，衣服脏脏的，原因要归咎于他妈妈的懒惰。他不像李翊翔那么特殊，也不像李翊翔那样好运。由于妈妈喜欢手机多于他，这个小朋友的口头禅就是"妈妈没有给我换衣服。""妈妈没有给我检查作业。""妈妈没有给我吃药。""妈妈一直在玩手机。"附加一个可怜巴巴的表情。反正他做什么都是有理由的——"我太可怜了，妈妈不关心我。"每次看到他没写作业，我头都大了，真想让李翊翔妈妈给应雨轩妈妈补补课。

二年级上学期的时候，应雨轩生了一场病，并断断续续地借口病没好不来上学。我感觉不太对劲，就电话联系他家长，让他们带孩子去医院做个彻底的检查。结果出来了，完全健康，但是应雨轩还是每天说："我头疼了，生病了。"我心里想："对，这是得了心理上的病。"

我向家长提出让应雨轩小朋友见见心理医生的事，不过他爸妈毫不在意，和中国大多数父母一样，他们认为小朋友身体没问题就不叫生病。嘴上说好的，知道了，最后还是没有去医院。我只能带着大学时读的少量心理知识踏上了家访的道路。在家的应雨轩简直像换了个人，他不再是学校里木呆呆的小外星人了，看到我来开心地在楼梯上跑上跑下，还把家里的小狗介绍给我。继续了解后发现应雨轩的家庭没有像他说的那么糟糕，甚至可以说是幸福的。爸妈除了对孩子学习缺乏关心，在其他方面特别宠溺。我跟他们一起分析了孩子的现状：第一，孩子在家不学习，不完成作业，第二天就会被批评，别人完成新任务的时候他只能补作业，学习总是慢人一步，长此以往学习的动力都没了，成绩也越来越差，变成了恶性循环。第二，孩子在家没有约束，想看电视就看电视，想玩手机就玩手机，自然觉得家里好，对学校也就没了兴趣。我们要改变现状，就要改变这个错误模式。由于应雨轩基础差，我和他约定了只写一部分作业，在学校也鼓励他多看课外书，还表扬他因为在学校的作业少了，他基本都能完成了。作业没写好也不压着他了，让他爸妈带回家监督写，这么一来倒是没有出现过不愿意来学校的情况，不过每次遇到考试还是害怕得不敢来学校，看到我没因为倒数第一批评他，情况也渐渐好转了。

最近的应雨轩还是脏脏的，不过笑容多多了，学校对于他不再是一个难受的地方了。

当然我们班的熊孩子可不止这两个，有因为换了个教室而害怕得逃出校门的、有有暴力倾向的、有专职捣蛋的、有不能跑步的娇小姐，也有"皮糙肉厚"不怕骂不怕打的厚脸皮。谁说教师是个安稳无聊的职业？我每天都在跟学生和家长斗智斗勇，特别充实、刺激。以前天真的时候也曾有豪言壮志，自从教了现在的二六班，我发现就算是最最简单的事情要贯彻到底都是不容易的。我的教育梦也最最简单，我希望我的熊孩子们都能健健康康、快快乐乐长大。

牵着蜗牛去散步

戴　榕

　　"我要一步一步往上爬，在最高点乘着叶片往前飞，任风吹干流过的泪和汗，总有一天我有属于我的天。"我很喜欢周杰伦的《蜗牛》，小小的蜗牛，却有着大大的梦想。小小的蜗牛虽然爬得慢，却始终执着在自己的人生路上。在我的眼中，每个孩子就是小小的蜗牛，一步一步地往上爬，小小的身板，大大的梦想，蕴藏着无穷的能量。

　　当老师是我小时候的梦想，现在梦想成真了，我做着太阳底下最光辉的事业，面对一张张可爱的面孔，我全情地投入我的工作中。作为年轻老师，我并没有什么丰富的教育经验，但我有十分的工作热情。我爱每个孩子，并愿意与孩子们一起成长。教学第一年我就担任一年级班主任，并任教语文。小学班主任是一项很繁杂的工作，特别是小学低年级的班主任，远比自己想象的辛苦，一天当中，除了语文教学工作之外，还有许多孩子们的生活琐事需要我料理：教孩子泡药、系鞋带，教孩子整理书桌、餐盘，告诉孩子应该遵守纪律，不能为所欲为……还有手把手教孩子扫地、擦窗……我努力关心和爱护学生，并严格地要求和教育学生，奖罚分明，严爱并施，细致入微。

　　班上有个男孩子叫同同，圆圆的脸蛋，亮亮的眼睛，活泼可爱。课堂上，他全身心投入，眼睛紧紧盯着老师，专注而认真。我本以为像同同这样上课认真听讲的孩子，学习成绩一定十分优异。但结果与我的猜想大相径庭。同同的学习效果极不理想，一节语文课下来，他会认会写的生字寥寥无

143

几，对语段的理解也很有限，背诵课文也十分困难。后来，我还慢慢发现，同同写作业虽然很认真，但速度十分慢，像只小蜗牛。

日子一天天过去，同同仍然接受知识慢，考试成绩经常不理想，几乎成为班级的"小尾巴"。同同渐渐感到了自卑，常常回避与老师、同学相处；由此，我尝试与孩子家长沟通。通过家访得知，同同父母因家庭债务问题离婚了，父亲收入多，但工作很忙，没有时间照料孩子；母亲回到了老家象山，很少回来看孩子。孩子在学校学习结束，就被培训班的老师接走继续辅导作业。孩子的父亲说自己小时候学习也差，但是现在有一技之长，仍然可以生活得很好，总之，父亲对孩子的成绩不以为意。根据同同的情况，我决定从孩子、家长、学校三方面入手，争取家长配合和同学的理解、关心与帮助，树立孩子的信心。课堂上我请同同来读课文，他一字一词虽然读得很慢，却十分努力，我给他肯定的眼神，并带头为他鼓掌，以后我经常叫他读课文，给他展示自己的机会。课堂上浪费了几分钟，我却看到了同同脸上从未有过的成功、喜悦和自信的笑容。我还请班级小老师帮助同同巩固知识，让同同一点点进步。

除了在学习上帮助同同树立自信心外，在生活中我也一直关注他，奖励他学习用品，让孩子进一步树立信心。此外，家长的配合是不可少的，我经常与家长沟通，建议父亲多花时间陪伴孩子，多鼓励孩子，蹲下来与孩子交流，做孩子的朋友。

经过一段时间的辅导，同同开朗多了，脸上终于有了自信，学习进步明显。每节课会认的生字增加了，据父亲反映，晚上回家，孩子经常声情并茂地朗读课文，因此进步很快。每个孩子都有各种各样的缺点，他们就像一只只小小的蜗牛，虽然身体小，但也有大大的梦想。他们虽然很慢很慢，却始终努力在自己的人生路上。作为教师应时常把眼光放在学生的优点与长处上，鼓励与表扬，让学生体会到被尊重、被信任的温暖，品尝成功的喜悦。

当然，父母的爱与关心不可替代。孩子的成长是不可逆的，也希望每位父母可以有更多的时间陪孩子，一起牵着"蜗牛"去散步。

发现孩子们的美

秦彬彬

一个班级就是一个小"国家"，班主任就是一个小"总理"。三尺讲台，是你展现风采的舞台，每一堂精彩的演讲，都会有人发自内心地为你喝彩。哪怕退休了，你也不必担心"人走茶凉"。

教师心中拥有职业自豪感，就会看山山有情，看水水含笑；相反，如果教师对自己的职业有自卑感，就容易对身边的事物"过敏"。

教书育人本身是一件令人快乐和幸福的事情。校园是一个色彩斑斓的世界，面对天赋不同、兴趣各异的众多学生，你能感受到无尽的乐趣。学生乖巧，令人舒心；学生顽劣，富有挑战。每个学生都有丰富的内心世界，每个学生都是一个可爱的小精灵。这里有心灵的沟通，也有情感的交融。当老师的确有苦的一面，可是这种苦往往有许多"回甘"的体验。

发现孩子们的美就是在感受人性的美，可以通过孩子们的语言，还可以通过他们的行动。

蓝色 + 红色 = 紫色

学校文体节举行低段绘画比赛，时间来不及了，我就让学生在教室画。

"万事俱备，只欠东风"。画基本完成了，就剩下一部分紫色没有涂。因为他没有紫色的蜡笔，我就赶紧大声地问学生："谁有紫色的蜡笔，可以借一下吗？"可接下来我听到的声音完全出乎我的意料。只听几个声音大声地说："蓝色＋红色就是紫色啊！"我不由得诧异，哦，现在的孩子好聪明啊！我甘拜下风，就让画画的孩子赶紧用这个方法吧！可当时只顾着画画交差，没有去注意那几个"聪明"的声音的主人是谁，可惜啊！

调皮的另一面

傍晚放学后，教室里只剩下四五个孩子，还有一个叫倪春婷的值日生在认真地扫地。突然，有个孩子说："地好脏啊，值日生都没扫干净。"我转头一看，原来是王伟，一个平时调皮得不行的孩子。我心想："你也就只会说说，不会自己拿扫把扫地了。"可令我意外的是，等我再次转身的时候，留在教室的三个调皮孩子（王伟、陈宣俊、陈振楠）都背着书包在仔细地扫地了，尤其是刚才说话的王伟扫得特别认真。此时此刻，我的心中不由得一阵惭愧。我为自己那时的想法感到惭愧，为自己看扁孩子感到惭愧，为自己对孩子的片面判断感到惭愧。我难道因为他们平时的调皮就该看轻他们吗？我这个老师是不是太……以后真不能给孩子随便下定论了，他们可还都是刚刚入学的孩子，一切都得靠我们"雕琢"啊！我们心中的想法对孩子非常重要，我们应该对孩子充满希望！

意想不到

让你认识一个我们班的孩子。他上课经常在课桌上乱涂乱画，课间带糖果来吃，上课时嘴巴里咬着一个小气球，说了几次都不听；课堂上要求完成的作业，他总是拖拖拉拉，一边玩一边写，经常要我反复地催促，有好几次都只能把他拉到我旁边来写，才能完成。你对他有初步印象了吗？接下来我再跟你说一件事吧！2009 年 12 月的某一天，由于作业整理课上学生都在写作业，所以放学后很多值日生都只是草草地扫了一下地，教室很脏。可等我看到时，教室里已经没有值日生了。我只得自己拿起扫把扫地，一年级的学生年龄小，实在没办法啊！心中正在嘀嘀咕咕的时候，突然看到王振皓正在教室里扫地！我不由得仔细揉揉眼睛，再看看，发现真的是他，而且还是一副很认真的样子。说实话，当时的我有点被震撼住了。想不到平时那么顽皮的他，看到我一个人打扫教室时会帮我一起打扫。后来他妈妈来接他回家，他还不肯回，因为教室还没有全扫好。我让他回家了，并且跟他妈妈表扬了他！他笑着和我打完招呼，一蹦一跳地回家了。孩子真是天真啊！

一声"再见！"

每天放学，我都会在教室门口跟孩子们说再见，今天学校要开会，最后一节课只能让其他老师去管理了。刚刚开完会，放学的铃声也响了。于是我就没去教室，直接到了办公室。我刚坐下手还没碰到电脑，就突然听到一个爽朗的声音说："秦老师，再见！"我伸出头一看，原来是我班的"大眼睛"程志荣正站在办公室门口和我道别呢！我没多想什么，也跟他说了"再见"。突然又听到了一声："秦老师，再见！"这时，我想到了，我会心地笑了，我觉得做一个老师好幸福！孩子们是习惯了我的"再见"，今天我没去，天真可爱的他们可能是觉得少了点什么，惦记着我呢。被人牵挂是幸福的，能被天真可爱的孩子们牵挂，说明你是一个让他们尊重的人。

2010 年的第一场雪

早上起来，推开窗口一看，窗外白茫茫的一片，宁海终于下雪了。孩子们该多开心啊！这可是他们盼了很久很久的一场雪，他们总算可以尽情地玩玩雪了。可是我要到别的学校听课，不能和孩子们一起尽情享受"雪孩子"的乐趣！那么，我不在学校，数学老师会带他们去玩雪吗？会抽出时间让他们去玩雪吗？我心中充满了担忧。为什么我今天又要外出呢？唉！孩子们啊，孩子们，你们只能自己享受"雪孩子"的快乐了。不知道会不会有孩子想到我这个也爱玩雪的"大孩子"。为了了解孩子们今天是否快乐，我只好给他们布置作业，写一篇有关雪的写话作业，希望明天孩子们会带给我惊喜。

写字比赛结果的出人意料

刚刚被领导叫去说，上周的写字比赛，又是我班最差，书面最不整洁。我一听脑袋"嗡"的一声。怎么会这样？写字是我从一开学就紧抓的，我还一直跟别人说，这届学生比我上届的学生好多了。因为这学期有一本《写字》的书，我从一开始就用这本书落实学生的写字，并且在班级里进行了写字比赛，营造了一个良好的氛围。我一直认为只有让学生从心底觉得要把字写好，才能写好，才能养成一个良好的写字习惯；一味地强压并不能取得良好的效果。但事实告诉我，我花了那么多的心思达到的效果却是很差的，我开始反思，为什么营造了一个良好的写字氛围后，学生的字还是写不好？是我的什么措施没有到位，还是除了高压没有采取其他更好的方式？事实告诉我，我是失败者！我必须板起面孔，才能取得一定的成绩，否则我就得被领导批评，看家长脸色。我真的该停止自己的探索吗？一年级的孩子是不是因为太小，不能领会我的教学理念呢？看来我得好好反思一下了！唉……

可爱的"值日生"

今天下午放学，几个拼音读得还不是很熟练的孩子留下来继续读。其中有一个是值日生，叫张友豪，读完后就拿起扫把扫地了。可等他开始扫地时，其他的值日生基本已经走了，只剩下一个还在扫地。他俩开始认真地打扫。

留着读拼音的孩子越来越少了，而他俩却还在扫地，期间我提醒了好几次：够干净了，可以回家了。刚读完拼音在做值日的那个孩子的姐姐都来接他了，他还是没有离开，仍在继续打扫着。后来，另一个孩子的妈妈也来接了，可他们还是不为所动，继续认真地扫着地。扫干净之后，他们又开始排桌椅，把一组组的桌椅排得整整齐齐的，排好后又把椅子都放到了桌子下面。直到都弄好后，他们还走向远处仔细地看了看。

我不由得想到了他们平时的所作所为。他俩平时做作业时可都是拖拉分子，不是没有完成，就是做得很潦草，老是被我批评。今天这一幕，真是很难想象得到。此时，我真想跟他们说："如果你们平时做作业时，也能像今天这样认真就好了。"可转念一想，我这不是打击他们的积极性吗？他们这时多认真啊，我为什么要打击他们呢？

留着读拼音的孩子都读完了，他们终于也弄好回家了。看着他们的背影，我不知该说些什么，想在他们走时表扬他们，可是一下子又找不到合适的语言。唉，孩子们有时可真难评价啊！

关于"柔和"

舒晓萍

204 班的小朋友有一个特点，用一个字概括那就是"淘"，傻淘傻淘的那种，他们傻淘的情状几乎到了"罄竹难书"的地步。

下面，我就要说说他们的"黑历史"了。他们拥有"天生神力"，撬得动窨井盖，推得倒足球网架，这一点实在是令人匪夷所思。他们说话喜欢提高分贝，嗓门一个比一个大，人一进教室，感觉满教室都是扩音喇叭在轰鸣。他们排不好队，因为他们走路不看道，聊天讲笑话，还喜欢扭屁股。更让人惊掉下巴的是，有的还会在餐桌上表演飞奔的杂技，真的是闻所未闻，见所未见。让人生气是难免的，接下来就是以暴制暴，最终的结果是身心俱疲，心力交瘁。

他们就是这样真实地存在着，率性得很，开心的时候咯咯的笑声仿佛能穿透时空，极具魔性；不开心的时候就吵架斗嘴，脸红脖子粗的，真是一群任性小霸王！其实呢，小霸王们并非大脑空空，他们的思想还挺丰富的。一天，我们在上寓言故事《狐假虎威》的课，课文里讲到狐狸趾高气扬地说："我是老天爷派来专门管理你们百兽的。"调皮大王王俊晖突然笑眯眯地大着嗓门插嘴道："舒老师是老天爷派来专门管理我们的！"如此推此即彼，活学活用，我真是哭笑不得。我以前一直跟他们讲，我是你们的临时监护人，是受你们爸爸妈妈这个法定监护人的委托，在学校帮爸爸妈妈履行监护职责的。如果你们在学校有什么不当行为的话，我会第一时间把你们的情况向你们的爸爸妈妈汇报，老师是爸爸妈妈放在学校的眼睛。我在说的时候，他们瞪大眼睛，听得一愣一愣的。一天，我在试卷上看到这样一个关联词造句："因为爸爸妈妈是我的监护人，所以他们一天到晚盯着我。"

不能只施以风暴，柔和有时比风暴更有力量。我想换一个角度去观察他们。

如果说他们只知道"淘"，那是片面的，他们也懂得上进，有很强的集体荣誉感，一旦到了集体活动的时候，他们的表现就很不一般。如在运动会上，他们就能跑出箭一般的速度来，成为风一般的女子和汉子，为班级争得了荣誉；如果失败了，就会噘嘴，就会哭，我都不知道怎么安慰才好。在今年的校园足球联赛上，他们连下三城，勇夺冠军！赛场上那冲锋在前、神勇无比的表现真让人刮目相看。

教室后门的锁不知道怎的坏了，松松垮垮地垂在那里。卢豪轩的爸爸拿了工具来修，但因螺丝钉不够长，没能修好。有一天，一个孩子飞奔过来报告我说锁已经修好了，我过去验证了一番，确实修好了，很结实。接下来，这孩子告诉我一个惊人的答案：这锁是章博文修好的。我再一次惊掉了下巴，激起了一肚子问号。但事实是章博文和几个小朋友合作完成了修锁工作，真的太神奇了！他们没有工具，不知拿了什么东西来代替螺丝刀，通过观察研究，居然完成了大人都没有完成的工作，这惊人的创造力竟然悄悄地蕴藏在他们小小的身躯里，我真的应该让这股力量发光发亮！

其实每一个孩子都是我们的宁馨儿，让我们以柔和的目光去注视他们，注视着他们长大，同时也使自己慢慢地成熟。

用爱心开启学生的心灵

尤棋凯

教育就是传递爱。

——题记

小王子："每一个大人都曾是个孩子。"我们是从孩提时代走过来的人，我们懂现在的孩子；而孩子还没有到达我们这个年龄，他们不懂现在的我们。作为老师，我们不能把自己的意志强行灌输给学生，但我们必须从小培养好孩子的学习习惯及做人做事的态度，为他们传道授业解惑，并且传递正能量，传递真善美。

"尤老师，陈一巧今天校牌没带，被扣分了。"

"尤老师，刚刚早操下楼的时候，陈一巧要用脚踢我。"

"尤老师，刚才课间陈一巧在教室里跑跳，还撞到了梅方泉。"

"尤老师，午饭时，陈一巧和张儒相在打架。"

"尤老师，陈一巧把水笔的墨洒到墙上，墙一片漆黑。"

"尤老师，陈一巧……"

对，她就是这篇文章的主人公——陈一巧。

刚接手这个班时，前任班主任向我分析了班上每一位学生的大致情况，当说到陈一巧时，我感受到了老师对她深深的无奈。她，学习基础不扎实，在学校经常惹是生非，老师大部分的时间都在和她斗智斗勇，替她解决问

152

题。当时年轻气盛的我听了并不在意，我们不能单凭一个老师的一面之词去定义一个孩子，况且每个老师的教育方法也不尽相同，而小时候的我也是个顽皮的男孩，对顽皮的孩子自然会有那么三两分同理之心，所以我相信自己有能力改变她。

"陈一巧，你的校牌怎么忘记带了？今天第一次，尤老师提醒你一次，下次可不要忘记了哈！"

"陈一巧，在楼梯上踢同学是多么危险的动作啊，如果不小心滚下去了怎么办？来，向同学道个歉。其他同学也要注意，不准在上下楼梯时打闹，违规者要重罚的哦。"

"陈一巧，今天下课时间除了上厕所，其他时间不要离开座位，把昨天的作业补一补哈。"

"陈一巧和张儒相个人分扣 10 分，并且写 500 字反思交给我，写不好不准回家哦。"

"陈一巧，双休日叫上爷爷奶奶过来把这面墙刷干净，自己闯的祸自己解决。"

"陈一巧……"

在听了一次又一次这样的报告之后，在一次次苦口婆心的教导之后，在真正见识了她制造麻烦的本领之后，我发现我此前的教育都是徒劳。难道我也没有办法改变陈一巧惹事的习惯？我不甘心！

我有意地改变了与这位同学交流的方式和教育方法，以期发现有效的师生沟通方式。终于有一天，她期中测试语文、数学都只考了个四五十分，小组长汇报作业时，她也没完成。我气急败坏，顿时失去耐心，彻底地爆发了。我恶狠狠地对她说："打电话让你奶奶过来陪你补作业，不补好不准回家！"她站在原地，迟迟不肯动身。许久才抬起头怯怯地瞄了我一眼，轻轻地说"老师，我知道错了，能不能不打电话给奶奶？"我冷笑一声，幸灾乐祸地说："怎么，现在知道怕了？回家要挨打了吧，挨了打记住了疼，以后就会写作业了。"

不久，她的爷爷骑着电瓶车到了，看着他瘦骨嶙峋的身骨架，憔悴的脸庞，我的心似乎被什么东西揪了一下。他走到陈一巧旁边，用方言气急败坏地骂了一通，骂得上气不接下气，然后走到我身边说："尤老师，不好意思，又给你添麻烦了。"那一刻，对这位老人的同情和对孩子的怜惜，让我内心反而有些不安，似乎自己做错了什么。如果我能多一份耐心、多一点宽容，心平气和地去引导孩子，她是不是更容易接受呢？

事后，我静下心来把她叫到我办公室，虽然知道她从小跟 70 多岁患有肺炎的爷爷和 60 多岁的奶奶一起生活，原本以为是爷爷奶奶太宠爱她才造成了这样的结果，深入了解才发现她的爸爸和妈妈在她几个月的时候就离婚了，爸爸远在千里之外的云南工作，常年不回家，妈妈也从来没有来看过她。当她说出"我恨妈妈"时，我是多么地吃惊和心疼。马卡连柯说："缺乏母爱的儿童，是有缺陷的儿童。"从小到大都没有感受过父母的爱，她的种种行为岂不都是想引起同学的注意、老师的关心？缺乏爸爸妈妈爱的滋养，她的心理年龄是那么的小，常常做出令人咋舌、幼稚至极的事就不难理解了。

我作为她的老师，应该给予她更多的爱。首先我为平时对她的态度向她说了抱歉，她有种受宠若惊的感觉，眼泪在眼睛里泛光。我轻轻地拍了拍她的肩膀告诉她："老师能理解你的感受，但是你作为一个学生，必须规范自己的行为和学习的态度。你也必须对自己做的事情负责。"她点了点头，轻声说："尤老师，我知道的。只是有些时候我控制不住自己。"我说："没关系，只要你想改，老师会帮助你的。我们一起加油！从今天开始，先定一个目标，坚持每天把作业完成。睡之前想一想今天我们的对话，管好自己的手，并且把自己每天做的'好事''坏事'记录下来。"

事后，她真的按照我说的去做了，每天都把记录本拿过来我看，在我表扬了她之后，她又露出羞涩的笑容，不好意思地挠了挠头。当然，她还是会有小打小闹的时候，但在我一个眼神的暗示下，她又会收敛自己的行为。高尔基说："谁爱孩子，孩子就爱谁。只有爱孩子的人，才可以教育孩子。"

人之初，性本善。每一个孩子都是特别的，单从行为上去判断对错只能解决一时的问题，只有寻根究底才能真正感化、教育孩子。

单亲孩子更需要爱

胡晓瑶

"世上只有妈妈好，有妈的孩子像块宝。"对于许多家庭来说，孩子被爸爸妈妈悉心呵护着，在爸爸妈妈的陪伴下成长，本是很正常的一件事情。然而对于很多离异家庭的孩子来说，没了妈妈，自己就像是被丢弃的包袱，失去了很多生活的意义，他们的内心往往脆弱敏感……

2017 年 9 月份接班时，我遇到了 43 名孩子，班里大多数的孩子都很乖巧懂事，只有一个小张同学，总是让我头疼不已。这个小张，模样倒是长得高高帅帅的，就是总有在课堂上公然忤逆我的意思，让我在全班同学面前下不了台。"怎么会有这么不乖的孩子，父母是怎么管教的？"我时常在心里这么想。找他私底下谈过几次话，而他总是一副吊儿郎当的样子，笑眯眯地说："我知道了！"可过一阵子又变回了原样。我大声骂他，他竟会委屈地掉眼泪，这让我很是震惊，这样的孩子也会哭吗？

俗话说理解万岁，正如《学记》里所说："知其心，然后能救其失也。"人与人的交往在于理解，理解是沟通的桥梁。理解就是要知道孩子的心，以便对症下药，促进其转化。于是，我趁着寒假去他们家进行了家访。孩子的爸爸接待了我，跟他爸爸聊天后我才发现，原来小张是个可怜的孩子。爸妈在他八九岁时就离了婚，之后他跟着爸爸，可爸爸后来又找了新的爱人，生了小弟弟。爸爸和后妈把更多的关爱给了小弟弟，而妈妈见他的次数又少之

155

又少。那会儿正要过年了，我看他弟弟穿着崭新的衣服，而他的衣服竟有些旧得泛白。我顿时心生怜意，原来学校里调皮捣蛋的他，在家是这么地不被关爱。难怪我在批评他时，他会掉下眼泪，大概是想到自己悲惨的遭遇了吧！或许在学校表现出吊儿郎当、调皮捣蛋的样子，也是为了引起老师的更多关注。接下来的这段时间，我开始尝试着关爱小张同学，上课时常常叫他回答问题，搬作业打扫卫生也会让他帮忙，让他觉得自己是被重视的。结果他的表现也没让我失望，虽然还是一副吊儿郎当的样子，但每次都能认认真真地完成我交给他的任务。渐渐地我发现他惹事的次数越来越少了。大概是老师已经关注到他，所以不需要再用"调皮捣蛋"的方法来博得我的关注了吧。

于是，结合孩子在校的情况以及家庭现实，我与小张同学的爸爸取得了联系，告诉他孩子时常在校惹事。一听到这话，小张爸爸怒意十足，说要狠狠打他（看来小张爸爸经常用暴力教育孩子）。我马上又说，孩子的这些行为其实是想获得我的关注，我问小张爸爸："在家是不是不太关爱孩子，经常用打的方式教育孩子？"小张爸爸沉默了，随后反思道："的确，自从再婚又生了弟弟后，就把更多的心思放在了弟弟身上，忽视了小张。"我又跟他爸爸沟通了一番，小张爸爸说："孩子是无辜的，以前教育孩子的方式的确有问题，以后要多关注孩子、爱护孩子。"这学期，我看到小张同学在学业上有了明显进步，遇到不懂的问题也能马上过来请教我。我想这是一个好的开始。

离异是大人的选择，但是这个选择会影响到孩子的成长。希望小张今后能在家庭中获得幸福，我也会努力在今后的教育教学中，为他撑起一片温馨的天空，让他在博爱中健康成长！

05

| 论文篇 |

苏霍姆林斯基说："如果你想让老师的劳动能够给老师带来乐趣，使天天上课不至于变成一种单调乏味的义务，那你就应当引导每一位教师走上从事研究这条幸福的道路上来。"研究工作不仅是为了提高教学质量，也是加强德育建设的需要。一直以来，我校教师坚持在德育工作方面潜心研究、大胆探索、勇于实践，帮助孩子们建立起了正确的情感、态度和价值观，使他们成长为一个个具有独特个性和独立思想的健康人。

学而不厌，健康发展

——初探小学生厌学现状及解决策略

苏静霞

所谓厌学，是指学生消极对待学校生活，对书本学习失去兴趣甚至产生抵触心理的状态及其行为方式。小学生是"乐学"还是"厌学"不仅关系到学校教育任务的完成，还影响到他们未来的生活与工作。随着教学改革的深入，越来越多的学生愿意学也乐于学，但也不可否认，教学和学生特点的不适应导致了新的"读书无用论"，一部分学生认为读书好坏一个样，学与不学一个样，他们只图能毕业。他们不求进取，怕学习，不愿学习，这种"厌学"的心理已成为当前小学生所面临的严重思想问题，应该引起广大小学工作者注意。

一、当前小学生厌学现状分析

研究表明，并非成绩差的学生才厌学，有些优秀学生也存在厌学情绪；并非中小学生才厌学，大学生也厌学；并非只有我国学生才厌学，世界各国如美国、英国、德国、波兰等国的学生也有厌学行为。法国一项调查结果显示，有1/3的小学生和初中生处于厌学状态，有超过20％的学生不清楚上学应该做些什么。具体而言，小学生厌学主要有如下几方面表现：

（一）在课堂学习上

小学厌学主要表现为经常上课迟到、早退甚至逃课。迟到、早退主观上是为了逃避学习，而非客观原因所致。在早上，学生故意赖床，在家长的三催四请下才慢慢吞吞起来。或者是故意在上学路上拖延时间，故意在上课后才进教室。他们在主观上排斥学习上课，而非因客观因素造成。逃课从细致上又可分为显性逃课和隐性逃课。显性逃课就是课堂学习不见踪影，在教室或学校外从事非学习活动，如在校外游玩、打游戏、闲逛等；隐性逃课就是身在课堂心在外，如课堂学习注意力不集中、在课堂上做小动作、在课堂上睡觉、看非学习书目、打小型电子游戏、交头接耳或随意走动等。

（二）在课后完成作业上

在完成作业上，带有厌学情绪的学生，由于上课不专心听讲，搞小动作等，滋生出对学习的抵触对抗心理，对课后作业的完成主要表现为排斥、抵触。带有这种倾向的学生有多种表征，归纳起来主要有三个层次：轻者主要表现为应付作业，即在做作业时故意少做、漏做、字迹潦草，同时心不在焉，边做作业，边玩耍，或是作业一定要拖到最后一刻在家长的催促下才开始动笔；中度者主要表现为欺瞒家长说没作业，或谎报作业已完成，或抄袭作业，以应付老师检查；重者主要表现为抵制、拒绝做作业，家长和教师屡次劝解不听，自暴自弃、自甘堕落。

（三）在学习考试上

存在厌学情绪的学生常表现为文不对题，在试卷上乱答一气，或在试卷上乱涂乱画，或在试卷空白处对该试题乃至出题老师乱加评论，或考试不到半小时就不顾结果匆匆交卷；有些则交头接耳，左看看右看看，无聊地打发时间。严重者在考试过程中公然抄袭、作弊，甚至直接交白卷。最后，这类学生成绩越来越差，越差越不想学，由此陷入恶性循环。在课外，这类学生对学习没有兴趣，沉溺于网络、游戏。

当然，并非说学生只要有上述若干表现就表明他们厌学，但学生厌学又必然表现为上述行为。探索小学生厌学现状已经刻不容缓，我将从小学生自身特点出发，来探究他们厌学的多方面原因，并由因及果，找到相关的对策。

二、当前小学生厌学的原因

关于厌学的原因，国外的学者们一般侧重于学生个性的研究。日本教育学家依田新提出，厌学是因为个体"对自己的无能为力与怠惰产生沮丧，进而产生了对自己的失望和厌恶"。事实上，小学生厌学存在多方面因素，是内因和外因的统一，总的来说可以概括为如下四个方面：

（一）家庭教育因素

随着社会的发展进步，人们的生活水平不断提高，人们随之更加重视精神教育。国家提倡九年义务教育，以提高全民素质，从而使我国的教育事业得到了长足发展。小学生是祖国未来的花朵，他们的教育自然是家长们最为关心的问题。孩子是家长的希望，家长身上更多的是责任。于是，家长们把上一代的希望全部寄托在孩子们的身上，子女们成龙成凤成了他们最美好的愿望。而对于孩子们随之而来的是上不完的补习班，做不完的家庭作业。甚至有些家长为了攀比，不惜牺牲孩子们所有的游戏时间，让他们学一些他们根本不愿学的东西。久而久之，小学生们便开始对学习失去兴趣，甚至出现抵触情绪，情节严重的就开始逃学。

（二）学校教育因素

学校没有形成良好的学风，作业繁多，使学生反感、厌恶；课堂枯燥无趣，学生没兴趣；教师的教学方法单调无味；学生考试屡次失败受挫；师生关系不和谐等都是导致学生厌学的原因。其中，师生关系、教师的教法是比较重要的因素。

（三）小学生自身因素

有些学生本身比较贪玩、调皮，对学习没有定力，容易受外界干扰；有些基础知识不扎实，学习方法不正确，考试屡次受挫，进而失去信心，开始厌学；有些学生过于脆弱，一遇到困难就后退，进而失去兴趣不愿再学。

（四）社会环境因素

现在科技发达，人们的生活水平也随之不断提高，小学生们的娱乐手段也更加多样化。游乐园、游戏厅、电视、电脑无疑都是小学生们的最大诱惑，其中以电脑游戏为最。小学生处于心智发展不完善阶段，极其容易受到外界诱惑。高科技给人们带来了方便，但另一方面，也充斥着人们的生活，给人们带来了不少烦恼，尤其是那些还不懂得自我约束的小学生们。

三、解决小学生厌学的实施策略

造成学生厌学的原因很复杂，在上文提到有家庭因素、学校教育因素、社会环境因素以及小学生自身因素。因此，对厌学学生的预防和矫治不是一件容易的事情，需要家长、学校、社会及学生自身相互配合。基于上述理念，我校试图为小学生厌学问题提供一些思路。

（一）家长教育方式的转变

家长要转变传统的教育模式，从打骂孩子转变为鼓励孩子，从逼子女成龙成凤转为让孩子自然成长。小学生的心智还没有达到成熟阶段，他们需要家长的正确引导。家长应该正确对待孩子的厌学问题，合理对待并加以正确引导，当孩子出现厌学情绪时要寻根查源，对症下药。要了解孩子的真正需求，培养孩子的学习兴趣。家长应该多关心孩子的日常行为表现，当他们出现厌学苗头时，要采取针对性的措施，及时矫正。

（二）学校教育方式的转变

教师应努力改善在教学和教育具体实践活动中的方式方法。这在一定程度上可以转化厌学的学生，使其愿意学，乐于学。许多事实证明，如果师生关系融洽和谐，学生就爱上老师的课。如果教师上课旁征博引，风趣幽默，形式活泼多样，那学生自然期待上这个教师的课；如果教师做思想工作由简单粗暴转为循循善诱、由严厉批评转为春风化雨，那学生定会欣然接受，学生厌学的不良情绪也就能慢慢消除。教师在具体的教学活动中应做到这样几点：1. 注重调动学生学习的主观能动性。教师应当让学生多参与教学活动，启发学生学习，使学生积极、主动地参与到学习中。2. 注重学习内容的可接受性。对于不同年级，不同年龄阶段的学生，教师要采取不同的教学模式，注重选取学生可接受、能接受的教学内容。3. 注重教学的直观性。所谓直观，简单地说，就是要化抽象为具体，教师在教学过程可以借助多媒体、动画、图形、教育模型、教具等直观反映，加速、加深学生对学习内容的理解和掌握。

（三）小学生心理教育的培养

古人说"志不立，天下无可成事者"。科学美好的理想是人们不断进取的巨大精神动力和精神支柱。引导学生树立起科学的理想和正确的人生价值观，能够激发学生的学习热情，使学生愿学、乐学。对于因不自信而导致厌学的学生，可采用"亮点诱导法"。所谓"亮点诱导法"，就是在肯定学生优点、长处、优势、特色的基础上，充分发挥其长处，突出其优势，肯定其特色，通过培养学生的学习兴趣，使之看到自身的潜力，进而树立起学习自信心，产生积极的学习倾向。

（四）良好的社会环境

人类的行为都是在一定的动机基础上产生的，学习的动机直接影响学生的学习态度，决定其完成学习任务的信心、决心和克服学习过程中遇到的困难的意志力。青少年的心理特点决定了在外部因素影响和作用下产生的外部学习动机对小学生的学习起主导影响。因此，外部刺激很大程度上影响小学生的学习态度和学习目的。家长和学校要给学生营造一个良好的外部环境，培养学生积极的学习动机。

"冰冻三尺，非一日之寒"，学生"厌学"不是一朝一夕形成的，除了学生自身的思想和文化素质外，也与家庭教育、学校管理和社会环境等因素有很大关系。排除厌学心理是一项长期、艰苦、复杂的工作，需要社会、学校、家长以及小学生自身共同努力。所以，我们不能急功近利，必须长期、有针对性地加强和改进学校的思想政治工作，教育和帮助学生树立正确的世界观和人生观；同时，应注意因势利导，因材施教，使学生树立起学习的信心；应给孩子以科学的教育，注重心理辅导，这样才能有效地消除厌学情绪的蔓延，使学生健康地发展。

小宝，你慢慢来

王　薇

一、第一印象——调皮小宝

还记得一年级刚入学时，一节课的时间，他就让我认识了他——我们班的小宝。每个老师新接手一个班级时，最先记住的小朋友有两种：一种是表现十分优异，除积极配合老师的教育教学活动外，还能隐隐地表现出较强的学习能力和组织能力；另一种是调皮捣蛋、无视课堂纪律和老师的。小宝就是后者典型的代表，一整节课下来竟离开位子七八次，真让我哭笑不得。

二、前期表现——小儿无赖

（一）课堂表现

继开学第一天的"一节课离开位置七八次"后，在接下来的大约一个月里，小宝每节课都会上演一次"离开位置"，离开的理由无非是去后面柜子拿东西或是去扔垃圾。课堂上不是低头玩"铅笔橡皮大战"，就是每次提问后直接大声说出他不假思索的答案。

（二）学习态度

"我不会"是小宝的口头禅和法宝。小宝在学习"你还能提出什么数学问题"后，绝大多数学生都能根据已有的条件，提出恰当的数学问题。但小宝就是不想学这个内容，这部分内容不像计算题那么直截了当，有他最不喜的"文字"成分，不管什么时候一讲这种题型，小宝一准不在状态。以至于后面很长一段时间小宝都不明白怎么提数学问题，甚至说他不知道这些题目是干什么的。一次数学考试后，小宝考得很不理想，我让他来办公室独立订正，看看他到底哪些方面的知识比较弱。在订正的过程中发现小宝的计算题都能做对，文字题告诉他字后也能列出相应的算式，唯独"你还能提出什么数学问题"，帮助读题后迟迟不动笔，读了五六次题目后，忍不住问他："你为什么不写？"应该说我这时候已经有点生气了，心想着小宝考试不认真就算了，错了那么多不该错的，现在帮他读题都不动笔。可没想到小宝比我还生气，当即翻了一个大白眼给我，说："我不会你让我怎么写？"

（三）课下表现

在调皮捣蛋、小朋友表现不好被批评的事件里，十次少说有九次都有他的份。每次看他的脸蛋和手，和去过煤矿似的，桌板和地面刚整理干净三分钟，总会有新的垃圾出现。

三、性格分析——独白内心

（一）理论分析

皮亚杰通过大量的实验研究，把儿童认知的发展分为四个阶段，即感知运动阶段、前运算阶段、具体运算阶段和形式运算阶段。这四个阶段是具有连续性的，每个阶段都应有与之适合的教育措施；而四个阶段也是有区分的，不能超越阶段进行教育教学，要选择合适的教育教学方式。

众所周知，小学生的心理发展是自有其规律的，例如，小学生入学适应心理，小学生智力发展的阶段性差异规律，小学生观察力、想象力、记忆力等思维能力的发展，无不依据自身规律处于慢慢发展之中。

一位教育专家也曾说，人们在同一年龄对同一知识的学习能力是不一样的，有早晚之分，也有快慢之分，从而形成了自己的学习曲线。一个人如果在短时间内提高成绩，并不是件难事，但要想改变一个人的行为习惯，改变一个人的思想则是难上加难。所以在我们对学生的启蒙教育阶段，在学生形成人生观和价值观的过程中，一定要把德育工作放在首位，并且方方面面、时时刻刻地贯穿在每一个孩子成长的过程中。让德育工作无时不有、无处不在，从而让我们的孩子迈好人生第一步，让未来的社会多一份安定和谐。

（二）内心分析

1. 基础薄弱导致兴致缺失

一年级入学的识字量摸底测试，小宝可以说就是"零基础"，最基本的字也不认识几个。2015年的一年级语文，刚入学学习的还是拼音，但数学课堂上难免会碰到几个简单的字，老师在帮忙读题一段时间后，对于经常出现的字就不再提醒了。而小宝一碰到有文字的，就直接跳过不做，兴致乏乏。

2. 较同龄学生心理发育晚

小宝是天真烂漫的，没有太多的想法，以自我为中心，外界对他的影响不会超过两分钟。其他学生表现不好，眼睛一瞪便能有所领悟，小宝说他一句不好，他能用十句话来辩解。与同龄的学生相比较，心理还不够成熟。

四、耐心教育——逐渐成长

对于小宝前期的课堂、下课表现和学习态度，我一开始是很着急的，基本上每天都和小宝妈妈交流怎么办。但冷静下来后，也知道急也没用，不如等等小宝，让他慢慢来，不管是学习上还是心理上。

（一）对不良课堂表现的教育

了解小宝习惯上课离开位置后，每次上课前我都会对学生强调："课前准备好这节课要用的东西"，以集体提醒的方式告诉他要课前准备，上课不能再未经老师允许去后面柜子拿东西，或是扔垃圾。改掉一个习惯是不容易的，因此前期以表扬为主，一旦整节课小宝都没离开位置，就要及时给予表扬。到后面偶尔几节课离开位置，就要及时给予批评，巩固内化，让他一想"离开位置"就能意识到这是不对的。对于其他不好的课堂习惯也是一样。

（二）对不良学习态度的教育

小宝识字量少，对于数学有文字的题目，我一开始是帮忙读题，但我会告诉他哪几个字他必须要认识，下次再遇到时，就让他独立尝试，将常见字记熟。遇到"解决问题"这样的类型，文字很多，就鼓励小宝读题，告诉他不认识的字，培养他的读题习惯，在独立读题的过程中，积累识字量。在他有了数学的学习兴趣之后，鼓励小宝学好语文才能更好地学好数学，慢慢树立他的学习信心。

（三）对不良课下表现的教育

及时评价，让小宝学会倾听批评。只有认真倾听，才会发现其中也许确实有些道理，才会去接受。让孩子明白：认真倾听批评是一种文明的表现，也是完善自我的方法。一旦行为表现有所改善，马上给予肯定。

五、以小见大——收获经验

现在的小宝虽然不能说是班级里的佼佼者，但与刚入学的小宝相比，进步是显而易见的。桌板、地面能时刻保持干净，上课认真听讲，还记得小宝第一次数学成绩 90 分以上时，全班自发地给小宝热烈鼓掌，让我为之动容。结合小宝成长的点滴，我总结了以下几点德育工作心得：

（一）师生关系

良好的师生关系可以让教育工作达到事半功倍的效果。建立良好长期的师生关系首先是让学生喜欢你又敬畏你。喜欢你，学生乐于接受你传授的知识、思想，乐于与你沟通，及时解决出现的小问题；敬畏你，学生会重视你给予他的建议，受教于你的批评，从而改掉坏习惯。

（二）机会教育

教育并不存在特定的时间，在恰当的机会进行教育会有意想不到的收获。例如，在中国传统节日前一天，教育学生节日的由来，有什么传统活动，有什么意义，进而让学生在节日当天感受节日赋予的特殊气息。教师应善于挖掘生活中、教学中的德育教学契机，根据学生的性格特点，有意识地制造教育"偶遇"。

（三）教育持续

教育是啰嗦的，强调、反复是教师的惯用手段。想让学生们养成一种好的习惯，仅凭一句话是不够的。一开始需要认真仔细地和学生说为什么要这样，不要总觉得学生还小，什么都不懂。接着隔三岔五地提醒还未做到的学生。到后期只需教师偶尔巩固一下，一种好的习惯就悄然落地生根。教育不是一蹴而就的事，教师须关注教育的持续性。

（四）身正为先

为人师表，教师的言行对学生的行为、思想和品质有着潜移默化的影响。想要教育出怎样的人，首先自己必须知道怎样做人。"桃李不言，下自成蹊"，在学校里，班主任接触学生的时间最长，开展的教育活动最多，对学生的影响也最大，在学生面前是一面镜子、一本书。在工作实践中，要求学生做到的，教师要首先带头做到。要求学生讲文明礼貌，教师首先要文明用语，尊重每一个人；教育学生热爱劳动，教师的办公桌面首先要干净整洁，随时弯腰捡起"偶遇"的垃圾。只有这样，自己的一言一行才能成为一种无声的教育。

总而言之，教育——教书、育人，不可操之过急。今后，我还会遇到很多小宝，但我会说，小宝，你慢慢来！

发现"榴莲"学生之美

汪文洋

一、主题——有一种孩子是"榴莲"

曾经在网上看过这样一段话：当你这周或下周看到孩子的成绩时，无论成绩好坏，请想想：每个孩子都是一颗花的种子，只不过每个人的花期不同。有的花，一开始就会很灿烂地绽放，有的花，需要漫长的等待。不要看着别人怒放了，自己的那颗还没动静就着急，相信只要是花，都有自己的花期。细心地呵护自己的"花"，慢慢地看着他长大，陪着他沐浴阳光风雨，这何尝不是一种幸福呢？相信孩子，静等花开。也许你的种子永远不会开花，因为它也有可能是参天大树。

我相信有些孩子是灿烂的太阳花，迎着阳光，灿烂开放，感染着身边的同学和老师。有些孩子是参天大树，默默无闻，可是细细呵护，静静等待，总能看到他长成参天大树的一天。可是有些孩子却有可能是榴莲，外表其貌不扬，丑陋不堪、臭不可闻，顿时使人失去兴趣，可是剥开他那坚硬而又带"刺"的外壳，会发现其实他有一颗软软的榴莲心，闻着很臭，吃起来却很香，营养价值也很高，只是他伪装了自己，不想让别人发现自己的内心。

二、背景资料——发现"榴莲"学生

苏霍姆林斯基曾说："在我们的创造性的教育工作中，对差生的工作是最难啃的'硬骨头'之一，没有哪一位老师不这样认为。"作为英语专职教师，在接五二班之前，我已经对这个班里的某位"大人物"有所耳闻。特别是他们在三年级时，我刚好兼任三四班的副班主任，那时候他们班不爱交作业，每天都差不多有十多个学生到办公室报到，家长也不配合，每天总有打架。当时的班主任总是每天唉声叹气，那时候，一个男孩子就已经引起了我的注意，他叫胡家豪，小小的个子，狡黠的眼神，他被班主任叫到办公室，同学说他在学校外面的小店买东西（学校规定中午不能去买东西，更何况他买了200多元的东西）。当老师把他叫来时，还没说几句话，他已经哭得惊天动地，眼泪鼻涕到处都是，不知道的人还以为老师怎么欺负他了。问他那么多钱是从哪里来的，他又说不出来，最后跟家长打电话后，他终于说这个钱是偷来的，然后承认了错误，决心痛改前非，可是转眼放学，他又因为去小店偷了东西而被抓，至此，他成为我们三年级教师经常讨论的课间话题。2013学年，我接手了这个班级，第一眼就看到了这个同学，也对他进行了留心观察。他就像一个榴莲，有着带刺的外壳，臭不可闻，让人敬而远之。

（一）表现出的问题——观察"榴莲"学生的外壳

我细细地观察他的"外壳"，发现他除了有"带刺的外貌"，其貌不扬的外表，百里外就能闻到的臭味，还有以下这些问题：

1. 经常耍赖、偏执

老师说的话，他总听不进去，心里随时都有自己的小九九。平日里非常好动，上课时经常不听老师讲课，时常影响其他同学的听讲和老师的正常教育教学。下课总是爱跟同学打闹，经常闹起来就一发不可收拾甚至大打出手，同学都很怕他，遇到事时他总是斤斤计较，爱占小便宜，一旦老师批评他，老师还没讲两句话，他就像个泼妇一样坐在地上撒泼耍赖。

2. 同学间一有矛盾，爱咬人

同学之间一有矛盾，他不跟同学好好说，上来就咬人。有次他后面的同学觉得太冷了，要关窗，他不让关，一来二去，他对着人家女孩子的脸一口就咬下去了。虽然事后老师有批评、教育，可是再遇到类似的事情，他还是改不了这个毛病。还有一次，自习课时，他一直在玩，班长提醒他，他不听，再提醒他，他对着班长的手狠狠地咬了一口。到最后，把他在外地工作的爸爸叫回来，一统计，发现全班被他咬过的居然有七个同学。

3. 自尊心极强

当他犯错了，由于担心受到或曾经受到人们的严厉指责与嘲笑，往往比较"心虚""敏感""有戒心""有敌意"，常常主观认为教师偏心，轻视自己、厌弃自己，甚至会"迫害"自己，以至于对真正关心他们的教师不愿接近，采取回避、沉默甚至对抗的态度。因为家境不好，所以他总是穿得比较破旧，如果有同学说到这方面，如不小心说到他鞋子破了，他不是上去跟同学打架，就是要咬同学。如果有什么做得不好或者上课发言说错了，同学无意的一个玩笑也会触动他的敏感的神经。

4. 爱表现

因为自卑，也因为想要引起同学的注意，他总是举手最积极的那一个，但是他根本文不对题，或者也没有想好答案，就跃跃欲试，这就导致他一旦没有说对，或者根本文不对题，同学们都会发出"切"的声音。

也正是因为这些原因，才导致他像一个榴莲一样，有着坚硬的外壳，闻着臭臭的，同学们都不想跟他一起玩，也让他在课任老师眼中显得很特殊。

（二）导致这些问题的原因——"榴莲"学生的成长

每一个"榴莲"都有他的生长环境，慢慢地他从小小的种子发芽，嫁接，开花，结果，最后长成了让人又爱又恨的水果之王。

1. 家庭原因

目前在农村中小学校，"榴莲"学生绝大多数来源于"留守学生"，因此，在目前"留守儿童"占了我们农村中小学校在校生的绝大多数的背景下，重提"榴莲"学生的转化，具有重大而深远的现实意义。根据该生不正常的表现，我认为该生心理问题的形成与其家庭生活经历有关。他小时候，妈妈就离家出走了，而且邻居、亲戚总是有意无意地提醒他，这给他的心灵投下了阴影，使他产生了自卑的心理。他爸爸常年在外打工，他一直跟着姑姑一家生活，但是因为他老是偷姑姑的钱，所以现在他只能跟着80岁的爷爷生活。毕竟孩子还是需要父母疼爱和关心，他长久得不到父母的爱，就变得更加脆弱敏感。去年的暑假，他们家着火了，本来就家境不好，更是变得一贫如洗，所以他需要一个坚硬的榴莲壳保护自己。

2. 个人原因

该生的这些心理和思想不断地相互作用，又促使其需要、动机、理想、信念、世界观等个性心理特征朝偏执型人格方向发展。具体表现为：自卑，自尊心极强，希望引起大家的注意，固执，偏执，如果不及时进行教育转化，后果将会非常严重。

三、过程——细细剥开"榴莲"坚硬的外壳

爱吃榴莲的人赞美它滑似奶膏，齿颊留香，垂涎欲滴，爱之如命；不爱吃榴莲的人，只闻其令人不愉快的烂洋葱味，就远远避之。可是你慢慢地，细细地剥开榴莲的壳，发现它其实有着一颗柔软的心。

（一）利用倾诉、交流消除其固执、偏执的心理

我经常利用课余时间鼓励该生，并适时给予安慰和引导，使其能适度发泄心中的不满，在交流过程中思考自己在人际交往中的一些问题。针对他敏感、自卑的性格特征，我注意选择适合的场所进行调试。如本学期，我就选他当英语课代表。虽然他的成绩不是最好的，但是他收作业的时候负责、认真的样子赢得了课任老师的一致好评。当他在大型考试中取得一定成绩时，单独交谈就不是最佳选择。我还选择其熟悉的环境进行交流，在他认为不尊重，不喜欢他的同学群体中表达教师对其进步的肯定和感受，满足其想得到同伴尊重的心理，提升其班级认同感，同时也让其他同学能够感受到他的进步，认识到他的长处，为改善他和同学的关系积极铺路。

（二）利用优势比较法树立其自信心

美国心理学家威廉·詹姆斯有句名言："人性最深刻的原则就是希望别人对自己加以赏识。"我帮他结对帮助另外一个学习困难、人际交流有障碍

的同学，虽然该生有很多问题，但是他还是一个比较外向的学生，乐于助人。通过他下课经常辅导其他比他学习有困难的同学，让他认识到自己的优势，也体会到了帮助他人的快乐。

（三）利用支持体系满足其需要关爱的需求

苏霍姆林斯基曾经指出："人类有许多高尚的品格是人性的顶峰，那就是个人的自尊心。"教育者应本着循序渐进的原则，尊重"问题学生"的人格，耐心地教育、指导他们，热心地帮助他们，即使批评也要注意"艺术性"，甚至加以策略性地"包庇"，如同在药片的表面涂上一层糖衣，做到良药不苦口，这样才能消除"问题学生"的逆反心理，引导他们在学习的道路上稳步前进，并且从内心对教师产生好感、信任和尊敬，激发他们的学习动机，并进一步产生良好的双向反馈，从而促进学生智力发展，促进其成才。

由于家庭问题，该生长期生活在自卑、缺乏安全感的成长环境中，特别缺少爱的体验，虽然我只是课任老师，但是我尽量给他营造一个较为宽松的学习和生活环境，给他更多的关爱。我从各方面减轻他的心理负担，使他感到轻松，舒畅。在家期间，需要父亲和爷爷的共同配合，减少来自母亲的干扰。我也跟他父亲打过电话，让他父亲能经常打电话给他，多关心他，让他知道被爱，被关心是多么幸福的事。在校期间，我暗中关照个别表现好的同学多体谅他，不要嘲笑他，多跟他聊聊天。我还经常跟班主任聊天，大家一起探讨他最近的进步，及时给予他表扬和鼓励，以爱心消除他心灵上的障碍，逐步提高他的心理适应能力。我也经常鼓励他多参与班级活动，也让其他同学多跟他一起玩，给他提供一个班级人际交往的新平台。这样有利于他重新调整自己的人际交往模式，并通过新模式下的交往获得新的体验和认识。

（四）利用团体协作法帮助其调试认知和行为

在该生具备一定的班级认同感以后，如果仍然靠大家的忍让维持正常的人际交往，就很不利于后续的心理调适。在支持体系慢慢建立以后，我邀请和他有过矛盾的几位同学与他交谈，互相倾诉各自觉得受委屈的事情，并在倾诉完毕以后，深入交流自己的看法。这种坦诚的交流，使他体会到没有人是完美的，只要肯承认自己的弱点，乐意接受别人的建议、帮助和忠告，就能得到大家的认可和尊重；当受到不平等待遇时，应该学会换位思考，在人际交往中提升自己的修养。

四、评析——慢慢品味"榴莲"学生的香

榴莲具有丰富的蛋白质，药用价值也极高，国外称它为"水果之王"。只有你慢慢品味榴莲的香，细细体味它的醇，才能体会到"水果之王"名不虚传。古人云："教者也，长善而救其失才也。""榴莲"学生虽然有很多不足之处，但他们最初也同其他学生一样，也有长处和积极因素，在他们的心灵深处也闪烁着智慧的火花。教师要抓住他们的积极因素和"闪光点"，改变他们的心理状况，激励他们前进的信心和勇气。教师要注意观察他们身上的"闪光点"，使其发扬光大，变成"问题学生"转化的起点，让"问题学生"在学习中有成功的机会，给他们一个可以达到的目标，引导他们"跳一跳能摘到桃子"。他们获得了一点点的成功都要鼓励，使他们尝到学习的乐趣，体会到成功的喜悦，从而排除自卑的心理。法国教育家卢梭曾经说过："表扬学生微小的进步，要比嘲笑其显著的恶迹高明得多。"作为教师，一定要善于发掘孩子的亮点，尊重他们的个性差异，帮助他们树立信心。

现在，每当同学和他有矛盾时，他虽然还是改不了自己的臭脾气，就像榴莲也不可能马上变为人人都爱的苹果，但是他已经慢慢懂得克制自己的脾气。他也偶尔会主动打电话给爸爸，让爸爸安心在外打工，他会照顾好自己，努力读书。对他的一些暂时改不了的缺点，我尽量去包容，我也深信他会越来越好，只是他需要时间。

上课时，他举手发言的次数越来越多，总能针对老师的问题，回答得恰如其分。每次他发言后，我总会肯定他的表现，还鼓励其他同学发言时应该向他学习。他坐下后嘴角总会露出一丝微笑。老师跟他讲道理，他也能听得进去了，不像以前动不动就哭了。他还在班上交了几个好朋友，在操场上奔

跑，玩耍时，他的脸上总是挂着灿烂的笑容。他和我们班其他孩子一样活泼上进，开朗。他就像一个榴莲，看着很丑，闻着很臭，可是他有一颗柔软的内心，需要我们细细掰开，仔细品味。世上没有完全相同的孩子，也不可能所有孩子都是优秀的，也许他们现在还是让你头疼的那一个，可是你慢慢品味，总能发现"榴莲"孩子的美。

让"错误"在学生心中"开花结果"

王钰莹

童年时期是学生道德观形成的时期，这个年龄段的孩子道德是非观念模糊，需要正确引导。在学校生活中，学生偶尔犯错误是正常的，没有人可以在无错的经历中成长。错误不可怕，就怕一错再错，不能在错误中成长。作为教师，应树立正确的学生错误观，在学生产生错误时，巧妙运用处理学生错误的方法和技巧，挖掘利用学生错误的教育价值，让错误成为学生通向进步的阶梯。

一、树立正确的学生错误观

观念是行动的指南，拥有正确的教育观念，可以拔除学生心中诙谐的种子，种下光明；而错误的观念会导致教师错误的行动，甚至祸害学生一生。作为教师，我们应树立正确的学生错误观，恰当对待学生的错误，切忌盲目批评，妄下断语，慎用惩罚手段，避免忽视错误，让学生健康成长。

（一）切忌盲目批评

批评是指对学生的错误或者缺点提出意见。作为教师，帮助学生认识错误，改正缺点是教育职责所在，但是如果没有把握好批评的分寸可能会适得其反。在一次运动会期间，一个男孩子三番五次亲抱一个女孩子，当老师恰好看到时，便立即当场批评指责孩子："你为什么亲人家？这是流氓的行为，快跟人家道歉。"周围所有人的目光似乎都聚集到这里。当老师拉拉男孩子的手臂示意他对女孩子道歉时,男孩子竟然一把挥去老师的手,狠狠地推开了老师,跑走了。故事讲到这里,回顾这位老师的前期处理办法,她真的达到教育的目的了吗?老师所有的批评都应该是希望孩子能认识到自己的错误,但是在这次事件中,孩子非但没有道歉更是发起了脾气,怒对老师。究其原因,我觉得主要是这位老师缺乏恰当的批评。孩子的确做错了,而且这个错误绝对不能置之不理,但是在大庭广众之下批评谴责孩子,还对孩子的行为妄下断语,被批评的学生感到羞愧,心里最敏感的自尊心受到了伤害,反而会产生负面效果。所以,教师对学生的错误进行批评时,应注意批评的场合和语言艺术,不能一味地盲目批评,更不能给孩子随便贴上"坏孩子"的标签,应该保护学生的自尊心,单独进行中肯而真诚地劝导,让孩子真正意识到自己的错误,这样才能真正拔出消极的祸根,使积极的东西在学生心里生根发芽。

(二)慎用惩罚手段

在学校里,有些孩子年龄小,性格又调皮,不知一些行为的严重性,总是会犯各种各样的错误,如在教室追追跑跑,在走廊上扔抹布玩耍,同学之间互相打架等。教师总能在课间时候听到学生的各种告状:"老师,某某某打我了。""老师,某某某在哪里跑,还不听我劝告。""老师,某某某压在别人身上了。"……面对学生一次又一次的错误,教师有时会觉得头昏脑涨,心烦意乱,由于冲动,对犯错误的学生立即进行惩罚。可是并不是所有的错误都能用惩罚解决,不恰当的惩罚不仅不能达到改正的效果,还可能造成学生心理上的伤害,加重其错误行为。如一位教师总是在学生作业没完成时惩罚他抄写课文 5 遍,在他贪玩时惩罚他抄课文 8 遍,在他与人打架时惩罚他抄课文 10 遍,一而再再而三之后,孩子渐渐对惩罚习以为常,反而变本加厉地消极对待作业,下课经常出去玩耍,和人打架。我想这应该就归结于教师惩罚不当吧,并不是所有的错误都能用相类似的惩罚进行矫正的,就像面对学生不完成作业的陋习,教师可以通过正面告诫、严厉督促的方式进行纠正而不是罚抄课文。不恰当的惩罚手段往往达不到预期的目的，甚至事与愿违，产生消极影响。过重的惩罚可能会导致学生心理压抑、沮丧和消沉；频繁的惩罚可能会导致学生产生习惯，觉得习以为常，长大后更难驾驭；过轻的惩罚不足以矫正学生的过失，会让他们觉得无关紧要。所以，教师应该慎用惩罚这一教育手段，深思熟虑，具体问题具体分析，避免出现失当的教育行为。

（三）避免忽视错误

小学阶段的孩子正处于道德观念形成的时期，总是会出现各种各样的错误，究其错误原因，主要有缺乏经验而犯错，由于好奇心而犯错，是非观念薄弱而犯错，别人促成而犯错，因外界不良诱因而犯错等。这些错误都向老师暗示着学生良好道德观念建立的不足，如果能牢牢抓住学生的这些错误，就能帮助学生建立新的增长点；相反，如果忽视学生的这些错误，就会错过最有成效的教育机会。然而当下依然存在一些忽视学生错误的教育现象。一次午休的时候，有个学生跑到办公室向老师告状："老师，某某某打我头，还踢我屁股。"老师立刻检查了一下孩子的身体，发现孩子并没有什么大碍，嘱咐了一句："让他下次不要打你了。"便让那个告状的孩子回去了。面对平日里频繁的告状现象，也许老师已经习以为常，觉得无关紧要，所以草草了事。可是该生告状的背后可能存在另一个学生的道德行为缺失，如此放弃了解事情原委的机会，放弃恰当处理学生错误的时机，会让学生养成反复犯同样错误的习惯，不仅不能解决实际问题，还影响了和谐班级团队的打造，这其实是在扼杀学生的成长，背离了"教书育人"的原则，是教育的不幸。所以，教师应谨记教育无小事，事事皆育人，任何一个细节都可能会影响一个学生的一生，要善于用智慧的双眼去看待孩子成长过程中发生的点滴小事，避免忽视学生的错误，错过了教育的时机。

二、掌握处理学生错误的技巧

错误是真理和成功的基石，无论是优秀的学生还是顽劣的学生，在成长的过程中都是会犯错误的，关键是我们如何对待所犯的错误。作为教师，我们需要掌握处理学生错误的方法和技巧，了解前因后果，深入学生内心，引导学生认识错误，必要时借助家长的力量，让学生在错误中逐渐获得清晰、正确的道德认知，促进学生全面发展教育目的的实现。

（一）了解前因后果，心中有数

了解事情的前因后果是教师"破案"的前提。作为教师，在遇到学生"告状"事件时，教师首先要做的第一步就是了解事情的来龙去脉，进行全面、客观地分析，从而想出应对的策略。如果只听学生的片面之词，可能导致教师判断失误，做出不公平的教育行为，让灰暗的种子在自以为是的学生心中萌芽，让委屈在情有可原的学生心中留下伤痕。有一次，我们班的 A 同学委屈地跑到办公室："老师，某某某爬到我桌子上了，还打我。"这话一听，明显 A 同学受了满满的委屈。B 同学是该被好好叫来批评一下了。当 B 走向我时，一声不吭，询问几次后，才道出了爬桌子、打人的原因。"某某某抢我铅笔盒，我不给，他就用笔戳我耳朵。"说完眼泪就忍不住要流了下来。了解完前因后果后，发现原来是 A 同学很喜欢 B 同学的铅笔盒，想拿来看看，但是 B 同学不肯，于是 A 同学采取了错误的"抢夺"行为，导致 B 同学采取了不正当的"回击"。作为孩子道德品质的引导者，教师必须明察秋毫，听过每个当事人的描述，甚至旁观者的叙述才可以在心中下结论。不要不分青红皂白地批评一顿或指责一番，这既无济于问题的解决，学生也不能从错误中吸取教训而改正错误。

（二）深入学生内心，引其自省

学生对错误的认知决定了改正错误的效果，所以教师帮助学生认识到自己的错误尤为重要。学生犯了错误后，教师可以尝试站在学生犯错的情境下想一想："孩子为什么会犯错误？""如果换成是我，我会怎么样？"用心平气和的态度让学生从犯错误的紧张心态中走出来，启发他们勇于讲清事实，引导学生找出错误的根源，丢下包袱来反思自己，承认错误。对于 A 同学，我们可以引导他："你是不是很喜欢他的铅笔盒，很想拿来看一看是吗？""但是可以因为喜欢别人的东西就去拿吗?""如果我不经你同意就拿走了你最喜爱的玩具,你会开心吗?"对于 B 同学:"他拿了你的铅笔盒非常没有礼貌,很令人生气是吗?""那我们可以怎么做呢?"让学生在问题中渐渐自省。犯错误是学生成长的正常现象,让学生主动认识错误,那么学生的错误就是一个教育的契机,可以促进良好道德品质的形成。如果学生认识不到位,教师强行纠错时,往往会使教育效果适得其反。

(三)注重家校联合,双管齐下

学生的成长离不开学校和家庭的双重努力,家庭是孩子的第一学校,父母是孩子的第一任老师,所以我们必须加强和家长联系、沟通,在教育孩子方面达成共识,形成教育的合力。学生在校犯错误以后,多数会将事情隐瞒于家长。此时,教师可以根据学生错误的性质、形成原因、表现形式等,酌情考虑是否向家长汇报孩子在学校的表现情况。如果遇到涉及孩子品德发展的问题,有意无意危害到他人的问题,屡教不改的问题等,必须向家长进行及时反馈,将孩子犯错、认错的过程告诉家长,请求家长的积极配合,正面引导。在和家长的交流过程中,作为教师一定要多注意和家长交流的语言艺术,注意把握分寸,动之以情,晓之以理,和家长达成共同教育意识,形成教育合力,切忌激发家长对孩子的怒气,对教育产生负面的影响。在学生经历犯错、认错后,还要时刻关注学生的后期是否已经纠错,并适时对学生的良好表现给予表扬和激励,让学生认识到自己的进步,对自己充满信心,快乐成长。

(四)坚持"三心"教育,润物无声

真正的教师,不仅是知识的传授者,更是促进学生身心健康发展的引导者。我们应该精心呵护每个孩子身上的好品质,任何时候不要急于去公然揭穿儿童不好的的行为,不要急于惩罚儿童的错误行为,而应当让儿童发挥内在的精神力量来克服自己的缺点。这就需要教师拥有爱心、耐心、细心。教师的爱心是开展教育工作的前提条件。教师的关爱能创设温暖的氛围,带给学生安全、愉快、积极的精神状态。有爱心的教师才能让孩子感觉到亲切、依赖，才能走进学生的内心，在必要时进行循循善诱。老师的耐心是教育工作中十分难能可贵的品质之一。学校里，孩子们总是会出现反复犯错的现象，这时候就需要教师用足够的耐心去反复教导他们，纠正他们的错误。有些孩子在犯错后会选择一声不吭，这时候也需要教师用耐心去等待，仔细聆听孩子内心的声音和需求。教师的细心能使教育工作顺利许多。有些孩子面对自己犯下的错误时可能不肯开口，或者怀有隐瞒的心思，这时候就需要教师用细致的观察去全面了解学生的心理特点，从而展开更好的思想教育工作，引导学生认识错误、坦白错误。拥有爱心、耐心、细心的教育工作才能如春风化雨，润物细无声，潜移默化地引导孩子形成良好的道德品质。

三、开发学生错误的教育价值

借助学生错误，对学生进行道德教育不应该仅仅局限于事件的当事人，教师应该有更为深刻的认识，充分挖掘学生错误蕴含的更为广泛的教育意义，让全体学生都能引以为鉴，并借此契机在所有学生心中树立更加坚定、明确的道德是非观，达到德育教育的目的。

（一）触类旁通，预防"疾病"扩散

常言道，学坏容易学好难。小学阶段的学生正处于道德观念形成的阶段，他们对是非判断的能力十分有限，很容易受周边不良行为习惯的影响。作为教师，对某个学生的错误进行纠错之后，还应细致观察、了解班级是否还存在相类似的现象，及时遏制不良风气的扩散，在班级内营造良好的班风。教师还应考虑到某个学生的犯错行为是否会让其他学生模仿，是否需要借机进行全班性教育，以此培养所有学生的是非判断能力，提高所有学生的道德认知水平，教育其他学生不要犯相类似的错误，起到预防作用。

（二）借机反思，弥补教育遗漏

学生的错误就像是一面镜子，映射出学生道德认知存在的缺陷，也映射出教师德育教育存在的不足。学生错误产生的同时也在提醒和暗示我们教师是不是在这一方面的教育不够或者有所遗漏。校园里的课间时间，有一群一年级刚入学的同班孩子开心地在花坛里追跑，踩坏了学校许多的花花草草。当被发现问及原因时，孩子们都说自己的老师没有教育过不能在花坛里追跑。分析这一现象，也许孩子的言辞存在包庇自己行为的嫌疑，也许教师真的已经教育过，只是孩子们忘记了。但是，面对一群同班学生的"错误"，教师不得不反思自己平时的德育教育是否到位，对学生的引导是否合格。产生了错误不一定是坏事，相反，有了错误就有了教育方向的指明灯，可以帮助教师看清对孩子的教育中缺少了哪一块，可以弥补哪些教育遗漏。

（三）及时记录，积累教育经验

任何一位优秀的班主任背后必定都有各种各样的故事以及丰富的教育经验。这些丰富的经验可以帮助教师及时做出正确的决策，因为他们拥有解决相应问题的意识和能力，能避免一些不必要的错误，对教育起到推动作用。对教育经验的积累，不仅仅是经历过就好，更重要的还在于教师事后能对案例进行记录分析。在分析过程中回顾发现学生错误、教育学生改正错误的整个过程，反思处理方法，获得教育感悟，从而逐渐提升自己，固化教育经验。坚持连续记录十年甚至二十年，将是一笔巨大的财富。当然，在日常生活中，每天每个时段都发生着不同的教育事件，并不是每个事件都能成为值得记录的案例，我们要选择有价值的记录下来。作为教师，每个人都应该写教育日记，学会整理教育案例。坚持积累，学生受益，教师轻松，何乐为不为？

人永远不会成为一个完人，他的成长必是一个无止境的完善过程和学习过程。人和其他生物的不同点主要就是由于他的未完成性。错误和正确只有一步之遥，跨越错误就是正确。因此，我们应该把握学生的错误契机，及时捕捉错误，运用足够的爱心、耐心、细心和教育智慧，化腐朽为神奇，让孩子在错误中建立正确而坚定的是非观，培养良好的道德意识，并充分挖掘错误背后所蕴含的价值，使学生错误变成师生共同学习和成长的宝贵经验。

一个人·一首歌·一个班

张强强

一、一个让人头痛的学生

2016 年上学期，我们班的彤彤突然不来上学了。我打电话联系家长，家长也说不清楚缘由，只是表示过两天送来。我一头雾水，本想等孩子来了再询问，然而等了两日，学生还是没有来。我只好骑车到学生家，孩子的妈妈这才告诉我，孩子是因为作业没完成，不肯去上学。孩子的爸爸在外打工，她一个人根本管不了她。我很吃惊，印象中彤彤是一个不善言谈但能够完成作业的孩子，我上楼去找她，任凭怎么叫门，她也没有开。她的母亲告诉我，她这几日常关在房间里，只有吃饭的时候才出来，看电视玩计算机占据了大部分时间，这次逃学是因为那天回家一直玩计算机，没有完成作业，第二天早上说什么也不去了；自己平时溺爱孩子，孩子一点都不听话，甚至还会辱骂家长。我对家长说，作业可以晚点交，明天去上学吧。

第二天上午，孩子来了，我什么都没说，本想过段时间再去跟她谈，不料那天放学后，孩子又不来了。我让与她邻近的同学去家里安慰她，叫她来读书，起初还奏效，后来连同学也见不到她的面了。期间，我与两位任课老师一起去看她，依然吃了闭门羹。一位老教师是她的邻居，跟我们三门主课的老师说，孩子比较懒，说学习上的压力大，家长希望我们三位老师特许她不写作业。我们起初满心的憋屈，学生不来读书，家长不管，还要老师不要布置作业，然而我们也只能默许，想着以后再找机会教育她。

就这样学生来几日，逃几日，三位老师都已经"妥协"，不让组长检查她的作业，尽量不去给她压力，告诫其他同学不许嘲笑她逃学。期间，孩子的父亲也来过学校，依然没有改观。听她爸爸说，因为逼她上学，孩子居然拿刀架在脖子上威胁自杀，搞得家长也束手无策。

二、一次活动的契机

临近六一，学校计划组织"六一儿童节"校园歌手大赛，每个班级只有两个名额。回到班级，我让学生先到我这里报名，总共有九个节目，其中彤彤报了独唱《无果》，我敏感地意识到这是一个帮助她改变的机会。班队课上，九组选手分别登台，经过学生投票，产生了前两名，可惜彤彤只排在第四，按照这个结果，她就要被淘汰了，我内心纠结，怎么能放弃这次让她重新树立形象、重回大家庭的机会呢？我灵机一动，宣布为了选出最好的节目，前四名入围，两天后再从四个中选择两个。凭借班主任的权威，没有人反对我的意见。课下，我把彤彤叫过来，鼓励她加油练习，让附近的同学到她家当听众，她点点头。

几天过后，投票如期进行，看得出彤彤唱得很努力，她很渴望得到这次机会，然而另一组的《青春修炼手册》四人组却是她的劲敌，投票结果让我吃惊，第一名毫无悬念地被音乐课代表领衔的《童年》斩获，而彤彤的《无果》和四人合唱《青春修炼手册》票数相同，并列第二名。我又陷入了两难的境地，一面是四个成绩优异的孩子渴望表现自己，一面是不善言语的彤彤难得的教育机会。经过考虑，我心里有了答案。我决定让这两个节目开始重新投票，同时为彤彤拉票，同时对投票规则进行修改，因为《青春修炼手册》组合的四个人手握四票，而彤彤是一个人，只有一票，我规定五个表演者不能参与投票。学生也许受到了我的暗示，彤彤以七票的优势获胜，在我的保驾护航下，彤彤的节目顺利入选。我在心里也长出了一口气。

三、一次意味深长的对话

投票结束，落选的四人是班里最优秀的学生，她们哭得稀里哗啦的，我意识到，必须要给她们讲明白，不能保护了一个，伤害了一群。我把她们叫到办公室里，含蓄地打了一比方，我问那些孩子："如果有两个人，向你提了两个要求，一个饥饿难耐的人想要一块面包，另一个健康的人想要品尝最美味的佳肴，你会满足谁的愿望？"孩子们若有所思的回答一块面包，我告诉她们，现在的彤彤就像是那个饥饿的人，比起她们四个，她更需要老师的帮助，我不能让一个孩子掉队，我希望彤彤跟她们一样快乐成长！孩子们陷入了沉思，哭声渐渐停息。晚上，一个孩子发短信告诉我：老师，虽然我现在还是很难过，但我理解您的做法！听完之后，我的内心无比感动，我知道这几个孩子也成长了，我的努力真的没有白费！

四、一个华丽的转身

随后的一周，我让彤彤在家好好练习，让班干部帮她指导，让她和班里的同学重新建立起了亲密的关系，我知道同伴这种友谊甚至比老师更能帮助她。我也亲自上阵帮她设计舞台动作，她很认真地准备着，而且每天的作业都完成了。临近比赛那天，我跟她开玩笑，让她穿得漂亮一点，我会帮她拍照留念，她害羞地笑了，那是几个月未曾见到的笑容，同时我也邀请了彤彤的妈妈来为她加油。

比赛那天早上，彤彤穿了一件紫色的裙子，引来同学的一片赞誉，我却高兴不起来，因为我已经预料到这次比赛会很激烈，每个班级都经过了精心的准备，论实力，彤彤可能不会获奖，如果因此产生负面情绪，我的努力不是白费了吗？为此，在去会场之前，我对孩子们进行了心理辅导，我告诉他们，她们很优秀，能够得到一个展示自己的机会，比老师小时候的六一儿童节过得充实多了，获不获奖都不重要，因为这次活动就是为了庆祝自己的节日，让孩子们开心。比起荣誉，我更看重集体的团结，无论什么情况，我希望孩子们都给自己班的同学加油。

演出顺利结束了，彤彤没有获奖，我想她不会难过，因为我看到她的周围挤满了班里的同学……

看似简单的一次活动，却让她重新回到了正常学生的轨道，认真听课，及时完成作业，也许那段逃学的经历会是她人生的短暂记忆，而那场精彩的演出，则会长久地封存在她的脑海中。这次教育的收获不仅仅是这个学生的改变，还有班级里其他孩子所体现出的团结、理解、包容，整个集体的成长更是每位班主任所期望的！

江光荣的研究结果表明：班主任教师的互动风格是所有影响班级环境的因素中作用最突出的。与其他孩子相比，"问题学生"更需要老师的关注和引导，这件事情让我明白了班主任的重要性，教育的责任不只是教书，化解问题学生有时不需要复杂的理论，因为孩子的世界是单纯的，教育的至高境界是润物细无声！

家校心连心，携手共育人

——浅谈低段年级家校合作的新策略

徐静芬

苏霍姆林斯基曾说，最完备的社会教育就是学校—家庭教育。实行家校合作不仅可以很好地培养年轻一代，而且还可以使父母的道德面貌更加完美。要实现培养高素质人才的目标，离开家庭教育配合的教育是不完善的教育，与家庭教育完全脱节的教育也是很难取得理想效果的。在人格的形成和发展中，家长的言行对孩子的成长产生持久而深刻的影响，特别是在良好习惯的培养方面，家庭教育的影响作用表现得更为突出。因此，必须构建一个教师、家长共同参与，学校、家庭形成合力并共同发挥作用的、开放的、立体的大教育环境。

当前形势下，学校召开家长会、成立家长委员会、家访甚至校访都已经成为惯例。尽管我们一直都在努力，但收效甚微。作为低年级学生家长，正是满怀激情的时候，很乐意为孩子的教育付出点力量，但他们又不知道从何下手。家校合作便为家长们提供了参与学校教育的一条途径。学校在这个方面要做的很多，但是家长要做的也是尤为重要的，两者缺一不可。家校合作就是家庭与学校之间架起的一座桥梁，使学校教育与家庭教育有机地结合起来，家校互动，形成互补，相互促进。家校合作定能给孩子带来更好的羽翼。

一、发挥特长，通力合作

班主任工作是特别烦琐复杂的，特别是低年级班主任工作。因为低年级学生本身成不了班主任的助手，还得靠班主任花时间和精力管理。作为低年级班主任，我常常感觉自己的力量是那么地微弱。其实，家长是学校最大的人才资源库，如果能够充分发挥家长的作用，跟家长通力合作，让家长一起参与学校的管理，发挥他们的特长，让他们成为我们班主任的得力助手，那么班级管理就会不知不觉变得轻松。

一年一度的元旦快到了，学校要搞元旦迎新"班班有歌声"大合唱活动。我班的《小白船》在海选中脱颖而出，要参加最后的学校元旦演出，于是，服装、道具、化妆等问题纷至沓来。时间很紧，让班主任一个人去忙这些活，就是有三头六臂也难以完成，于是，我想到了家长们。我在 QQ 群里跟家长们说明情况后，这些可爱的宝妈们纷纷出谋划策。服装在淘宝网上选出来了，一个专门做农村淘宝的家长主动承接了记录孩子们尺寸，买服装的任务。《小白船》演出的道具也确定了，每个孩子挥动亮闪闪的星星，再制作一个大大的小白船让领唱的孩子坐。一个做幼儿园教师的家长说做道具他们幼儿园经常做，她拿手，还有几个时间充裕的宝妈们自愿给她打下手。刚谈到化妆问题，一个开美容院的宝妈马上说她来化眼妆跟腮红，又有人说自己能编头发，还有几个家长说她们能帮孩子洗洗脸，擦擦粉。这些让班主任分不开身的任务，在家长们的通力合作下，轻易解决，班主任的任务就剩下好好排演节目了。家长的力量真是无穷！

二、家长开放日，互动交流

经学校安排，一年级每个学年都要开展一次为期一周的家长开放日活动，目的是为了让家长较全面地了解孩子在校的学习情况，搭建起家园沟通的桥梁，有效促进学校教学工作的顺利开展。

今年的家长开放日，天气有点冷，但是清晨的寒意并未驱散家长关注孩子教育的热情。每天早上 8 点整，数十位家长都会准时走进校园，和孩子们一起走进课堂，全面了解孩子们的学校生活。在家长开放日活动中，我们向家长开放了上午孩子的学习生活。孩子们的语文数学课、小学科，孩子们的大课间活动，一幅幅生动活泼的画面徐徐展现在家长面前。

在课堂教学中，每一位老师都充满激情，运用多种教学方法调动学生参与学习的主动性，并和学生平等互动。

每一位学生也感受到来自家长的关注，积极思考，大胆发言，课堂和谐融洽。每一位家长都专注听着老师的讲解，关注孩子学习生活的每一个细节，不时掏出手机记录下课堂的精彩瞬间。

课后，各班的任课老师与家长进行了密切的交流。在家长们填写的情况反馈表中，我们看到家长对学校的教学质量很满意，家长在反馈表中写道："在亲身体验了孩子们的教学环境后，我最大的感受就是氛围很好，孩子们学习很主动，课堂很活跃，回答问题很积极。老师的教学模式很好，让孩子更能融入其中，更容易理解，感谢学校老师让我们家长能参与这样的活动。我们会全力配合学校的工作，让孩子健康成长。"

家长开放日活动既展示了学校的教育教学成果和孩子们的整体素质，又让家长更了解了学校，从而营造出一个和谐宽松的育人氛围。这样的活动必然会让家校联系更加紧密，使学校得到更好的发展。

三、家长助教，参与管理

在学校家委会这个大环境中，家长越来越乐意参与学校的教育管理。"家长助教"是学校为解决师资短缺问题而进行的一项尝试，通过这项活动，让一部分富有爱心又有空暇时间的高素质家长走进校园，参与学校的教学与管理，可以充分发挥家长的"桥梁纽带"作用。同时是学校向社会共建"无围墙校园"迈开的一大步伐，促进了家校共育，也满足了广大家长朋友关心教育、参与管理、热心公益事业的美好愿望。

我们一年级中午饭吃完有长达两小时的午休时间，在这段时间里，怎么管理好学生呢？于是，我们请了家长助教，午间的时候请一些全职妈妈帮助管理学生，给孩子们讲绘本故事，孩子们可喜欢妈妈们来班级啦！亲切地称呼她们"故事妈妈"。

慢慢地，全职妈妈们管理的能力越来越强。我也试着把更多的事情交给她们。

"今天下午放学后，哪位家长来监督孩子们扫地？我们老师下午得开会。"下午放学时，发现有3位家长在教室手把手教孩子们扫地，还把班级后面的图书整齐地摆放好。妈妈们甚至带领孩子们把教室的地拖得一尘不染，连教室的外墙也擦得干干净净。我感动极了。

家长助教极大地减轻了低段班主任管理班级的压力。在我生病那段时间，家长助教就为班级管理谱唱了一曲动听的歌曲。

今年11月份，学校流感爆发，作为班主任的我也不幸被染上，连着几天发烧，想去管理班级，可是力不从心。一年级孩子没有班主任可怎么办？果然，生病的第一天，几个孩子就打群架，家长晚上电话告状告到了家里。这样下去怎么行呢？

我想到了校长上学期开了家委会动员大会，社团活动课就请家长进校园了。既然家长资源可以进社团，那么何不试着让家长资源进教室呢？于是，我联系了能力强的助教妈妈来代理这几天的班主任。我策划好代理班主任该做的事情，发给助教妈妈，同时吩咐副班主任和数学老师有空时到班级拍拍照片、顺便转转，帮忙管理。几天下来，虽然我这个正牌班主任不在教室，但是代理班主任却把班级管理得井井有条，再没有发生晚上电话告状的事情。附上助教妈妈的代理班主任笔记：

代教笔记

今天，我要为孩子所在的班级当"代理班主任"，需要担任他们班级一整天的班主任工作。这让心怀教师梦的我，真正地过了一把教师瘾。

以前，看着女儿的班主任井井有条地管理班级，我以为做一名教师是十分轻松的，但通过这一天的体验，我才发现做一名教师，尤其是一名一年级教师，要管理好这群小萝卜头，真的是件非常不容易的事情。

今天一大早我就早早地起了床，准备好了一切赶往学校，开始了我的代班老师生涯，说真的我有点兴奋也有点紧张。到了学校看到学生们穿着统一的校服，显得更加活泼可爱。看着他们这个样子顿时让我感觉自己年轻了不少，也让我想起了曾经的我在学校读书时的样子。

我带着兴奋以及忐忑来到教室，早读铃声还没响，没老师管理的一年级小朋友们各玩各的，文静点的在画画、看书，顽皮的则在走廊上追逐打闹。我赶紧把他们叫回教室，让他们读老师布置好的课文《明天要远足》《大还是小》《项链》，看着乱纷纷的教室变得安静，听着他们琅琅的读书声，我的内心充满了成就感。

中午的时候，我在王老师的帮助下带领孩子们排队来到食堂。看着他们一个个安静地排队领饭盒，吃饭的时候在桌长的监督下不吵不闹，感觉孩子们进步真大！我帮他们打好汤，孩子们扬起可爱的笑脸朝我微笑，我也不由得笑容满面。可爱的孩子们还把他们吃得精光的饭盒给我看，说："老师，我今天的午饭小菜都吃光了。"我听懂了，这是要我给他们加分呢！

午间管理是我的绘本课。这个我熟悉，之前我已经在班主任的帮助下给他们讲了好几个绘本故事了。今天我要讲的是《好饿的毛毛虫》，我刚读了第一段，一个小女孩举手："老师，我能读第二段。"是呀，一学期快结束了，孩子们已经认识很多字了呢！下面的故事我让孩子们分段读完，听着他们稚气的朗读，我觉得孩子们可真棒！一轮读完我问了大家几个问题，他们一个个都很棒地回答了，并且回答得都很出色。就这样，一节课的时间很快就过去了，我都有点感觉不想下课了，因为跟孩子们在一起真的很愉快，我都感觉我也变成了孩子。

放学时间到了，我带着孩子们排好队伍，把他们平安地交到家长手里才松了口气，然后我又飞奔回教室督促打扫卫生的同学们做好卫生工作。等我关好教室的门窗才发现，这一天的"代理班主任"可真不容易。

赵晓晓

2016 年 11 月 23 号

通过一天的体验，家长对老师的工作有了更深入的了解，也感受到了老师的劳累和无私奉献。"代班"班主任累并快乐着，觉得这是一次非常难忘的经历，她看到了孩子们的勤奋、努力、乖巧、懂事以及对同伴的友爱与热心，同时也深刻体会到了老师的伟大和艰辛。

四、现代化教育平台，让家校心连心

随着时代的进步，越来越多的现代化科技步入人们的生活，这些科技也为家校联系提供了方便，如微信、QQ 都能帮助老师把家长密切结合起来，共同帮助孩子成长。这学期我们主要采用了家校帮和班级优化大师两个教育平台。

（一）家校帮平台

家校帮平台类似于校讯通，可以布置作业、发送成绩等，但它里面有两个新功能更适合低段学生。

1. 资源功能

资源库里面很有多老师提供的教案、课件 PPT、导学资料等，方便有心的家长了解教材特点，可以为孩子的学习提供帮助。

2. 音频功能

低段学生的家庭作业以读为主，但是这个读又是最不好检查的，只能单方面地靠家长监督。家校帮的音频功能很好地把家长跟老师联系起来，一起了解孩子的"读"这个作业。记得有一次学校要检查孩子们校歌歌唱情况。一年级孩子歌词不懂，只能记住大概的旋律。周末，我在 QQ 群发了校歌的歌词和 MP3，布置了唱校歌的任务，并要求把唱校歌的音频发在家校帮里。起先我还担心孩子们完成不了这个作业，结果却出乎意料地好，家长拿着手机给孩子们录音频，孩子们看家长在录，知道要发给老师听，学唱得更认真了。在家校帮上检查作业时，我听着孩子们稚气动听的歌声，给每个孩子都点了赞，个别唱得好的孩子，还发给他"唱得真好听""你真棒"等评价，相信孩子们在看到老师的评价后，肯定会乐开花的。

（二）班级优化大师

以前我带班一年级的时候，总是要准备很多的小贴纸，给表现好的同学发小贴纸，孩子的额头上、书上满是这样的小贴纸。班里文化墙里也有你追我赶的栏目，里面一排排满是小贴纸。但是，这些小贴纸满足不了一年级家长对孩子的关心，他们总是会问："老师，我孩子哪方面表现不好，怎么小贴纸这么少啊？""老师，我孩子最近上课听得认真吗？作业会做吗？""老师，我孩子下课还追逐打闹吗？"等。班级优化大师很好地解决了这个问题。家长的手机下载一个客户端，进入班级优化大师，孩子一天在学校里哪一方面比较好被加分了，哪里表现不好被扣分了，家长一目了然。老师还可以及时地发送对孩子的评价，家长就会及时掌握孩子们的动态，并能及时地表扬自己的孩子，或者指出孩子今天的不足之处，帮助孩子进步。记得班里有个内向的孩子，上课总是不敢举手，发言也是小声小气的，家长连着几天在班级优化大师里看到自己孩子课堂上积极发言、积极思考都没加分，马上来找老师，询问怎样让孩子胆子大起来，让她敢于在课堂上举手发言。家长和老师商量了以鼓励为主，学校和家庭创造机会让她表现自己的对策。慢慢地，孩子发言能够主动举手，大胆发言了，在班级优化大师里的分数也提高了。家长孩子都开心极了！

总之，没有家庭教育和学校教育的相互配合，难以完成培养孩子这一极其细微而重要的工作。古语云："养不教，父之过；教不严，师之惰。"学校和家庭自中国古代起就是一体的；在现代教育体制下，家庭教育仍然很重要。家庭是学生成长的温馨港湾，家庭教育是学校教育的基础，是与学校教育互为补充的重要教育途径，不是学校教育的简单重复，更不是简单继续。因此需要加强家长和老师的联系，使家校合一，只有携手共育才能最终促成孩子的健康成长。

凝聚校社合力，打造"历练"教育

叶江涛

　　学校是学生教育的主要场所，在教育系统中一直处于核心位置。在新课程的背景下，在追求高质量的教育过程中，人们逐渐意识到单单依靠学校教育已经远远不能满足学生全面发展的需要。学生只有走向社会，接触不同类型的人和事物，方可成为和谐发展、终身发展的人，这正是社会教育应有之意。在双方联动的教育体系中，社会教育扮演的是"平台"和"依托"的角色，是一个学生社会化实践的平台。社会教育通过开展各种有意识地培养学生综合素质的社会活动，营造有利于学生成长的社会氛围，构建社会实践平台，同时也配合学校教育，形成一个以学校为主，社会参与，各界支持，共育人才的社区教育网络体系。宁海各校一直积极探索有效的校社合力共育方式方法，不断实践与改革，取得了显著的教育效果。

一、"顺应天时"：校社合力主题活动结合热点、抓住契机

　　在古代，谋事成败取决于"天时地利人和"三要素，缺一不可。在大教育的背景下，"校社合力"活动赋予了"天时""地利""人和"新的特定含义。这里的"天时"有两层含义：一是开展"校社合力"活动的时机；二是要学习十九大后党和国家对少年儿童的新政策，结合宁海地方特色的教育资源开展活动，在活动过程中还要适当利用时事热点等教育素材。"天时"在

校社合力活动内容方面的体现主要有两点：

（一）体验传统节庆，继承优秀文化

我国是一个历史悠久的文明古国，在其悠久的历史中孕育了极为丰富多彩的节日文化，而传统的节庆文化更是我们祖先在五千年历史文化长河中创造的重要组成部分。校社合力主题教育活动应结合各纪念日和传统节日，适时开展社会实践体验活动，在活动中渗透传统美德、民族文化的内涵，让学生们深刻认识到传统节庆文化的重要意义，形成善良、仁爱、团结、勇敢等优秀品质，不断提高学生的精神境界和素质文化水平。如重阳节前童镇学前教育中心中大班段的孩子们走进前童敬老院、前童大祠堂进行了"小匠敬老"社会实践活动。大班的孩子和老师一起商量着好玩的游戏，与大祠堂里的爷爷奶奶进行游戏互动；中班的孩子们则化身小漆匠在环保袋上绘制漂亮的图案，将这些环保袋送给爷爷奶奶作为礼物。又如在冬至佳节，星海小学面点社团前往白峤村老年协会，开展了"冬至送汤圆，情暖老人心"敬老志愿活动。在家委会成员的帮助下，孩子们纷纷开始着手洗工具、揉面粉、备馅料、搓汤圆、煮汤圆，最后挨家挨户地为老人们送去汤圆和温暖。这些校社合力实践活动不仅让老人感受到社会的温暖，也使孩子们懂得了尊敬老人是中华民族的传统美德，懂得要爱自己身边的每一位老人，在孩子们幼小的心中埋下爱的种子，让孩子们从小学会感恩，体验幸福生活的快乐。

（二）关注时事热点，开展主题教育

学校少先队的主题教育活动不能滞留在传统，局限于校内，而是善于从时事热点中摘取活动内容、因少年儿童群体变化活动载体、在社会中拓展活动阵地。因此，学校和社会联合开展的活动也要注重热点性与时代性。如宁海县实验小学教育集团实验校区彩蝶中队队员们在抗日战争胜利73周年时，来到95岁抗战老兵孔相宗老人家里，听老爷爷讲述抗战英勇故事，感悟红色精神。爷爷通过一张张弥足珍贵的老照片的展示，向队员们讲述了南京大屠杀的30万生灵惨遭杀戮的黑暗、抗日战争中炮火纷飞的残酷，教育孩子们珍惜来之不易的安定生活，热爱祖国，好好学习。老人精彩的讲述深深吸引了孩子们，孩子们仿佛跟老人一起回到了那个硝烟弥漫、枪林弹雨的战争年代，身临其境地感受和了解了当年抵御外敌的那段历史，爱国主义情怀在孩子们心中生根发芽，活动效果出奇地好。学校和社会通过合力开展有主题系列性的活动，结合时事热点，引领少年儿童健康成长，不断提高思想道德修养。

二、"发挥地利"：利用社区阵地资源，拓展基地多元发展

这里的"地利"指的是社会中丰富的活动阵地资源和实践基地。宁海各地的社区有着丰富的思想道德教育资源和公共设施，有大量的各具特色的德育实践基地，还有从事不同职业、不同属性的企事业单位，这些都是校社合力活动的实践场所。学校可以充分利用社区的思想道德教育资源，如当地驻军、工厂、企业、敬老院、爱国主义教育基地等，在节庆日、寒暑假开展学生喜闻乐见的、健康向上的活动，使青少年学生在潜移默化中受到熏陶，接受教育。另外校外也有丰富的德育实践基地，组织学生走出校门，参加社会实践活动，让学生接触社会、认识社会、体验社会，在历练中培养学生的责任感、生存意识和感恩意识。如 2017 年 3 月 20 日潘天寿中学初二年级段在宁海绿色学校组织了一次以"亲近自然，展现形象，强健体魄，磨砺意志"为主题的社会实践活动，这次活动通过军训式的团体集中锻炼和各种主题的课程节目，提高了学生的自身实践能力和综合素质，培养了学生敢于历练与互帮互助的精神，增强了学生的责任感，更激发了全体学生的团队精神和热爱家乡的情感。

三、"重视人和"：校社共育活动以"人"为本，横向联合，拓展对象

"人和"中的"人"有两层含义：一指活动的组织者，二指活动的参与者。校社合力活动之所以丰富多彩，不仅取决于其形式多样的主题内容，更在于其宽泛的活动对象。因此，校社合力活动可以将对象扩大到全社会。

（一）"关生"结对

中国关心下一代工作委员会（简称"关工委"）是以组织老同志，来进行关心、教育下一代的工作为目的的群众性工作组织。学校可以每学期邀请革命老前辈做一次报告，向学生进行革命传统教育，激励学生向革命前辈学习，珍惜今天的幸福生活和大好时光，艰苦奋斗，奋发向上，学好知识，为建设有中国特色的社会主义贡献力量。如余姚市团市委和宁海县关工委来到山水小学，就少先队各项工作进行了交流指导，为学校的德育工作献计献策。学校联合关工委不仅有助于加强对青少年的社会主义思想道德和中华民族文化、中国革命理论教育，全面推进素质教育，也能把青少年培养成为有理想、有道德、有文化、守纪律、身心健康的社会主义建设者和接班人。

（二）"家社"结对

未成年的思想道德建设不仅仅是学校的责任，还需要家庭的支持和帮助，家庭教育质量直接影响着未成年人的身心健康。例如，星海小学开展了"小星星送爱心"社会实践活动，家长志愿者和孩子一起看望患病孩子和孤独老人，给城市美容师——环卫工人送苹果，致敬医生、白衣天使、公交车司机……对过年期间仍在辛苦的工作者说一声辛苦，道一声祝福。家庭要积极配合学校开展思想道德建设活动，用正确的方式方法教育、引导学生，帮助学生树立正确的世界观、人生观和价值观。

（三）"生劳"结对

学校可以组织学生与各行各业的模范劳动工作者结对，有利于让学生了解各行各业不同工作者对社会的贡献，知道自己的所取所得都是建立在其他人的辛勤劳动之上，进而激发学生爱劳动的强烈意识。如梅林中心幼儿园结合农村特色，开展了"梅幼小鬼能当家，田野劳动厨房劳作样样行"的劳动教育活动，让学生了解了农作物的生长环境和做法，还体验到了小农民的劳作乐趣，感受收获的喜悦。

（四）"警生结对"

众所周知，安全工作重于泰山。屡见不鲜的各类社会、校园安全案件危害着学生的人身安全。加强学生安全教育，提升学生自我保护意识，培养基本的自护自救能力，成了当下学校教育工作中的重要工作内容之一。因此学校可以结合社区资源，邀请公安警察到学校开展教育活动。如大佳何镇中心幼儿园开展的"我是小警察"社区体验活动，帮助孩子们从小培养和树立自我保护意识，播种安全教育的"根"，让孩子们争做积极、乐观、向上的参天"大树"。

随着现代化教育的不断发展，"学习社会化，社会学习化"正逐步成为当代教育的重要发展趋势，现代教育不但在时间上将扩展到一个人的终身，在空间上更是会扩展到全社会。学校教育和社会教育相互联系、相互合作、相互促进，缺一不可。在这种趋势下，凝聚校社合力，有利于实现各种教育的互补，对未成年思想道德建设有重要的作用。它是加快教育一体化，提高教育教学质量，推进素质教育的全面实施，实现德育目标的需要；是形成整体教育的思想保证；是对教育体制改革及社会主义精神文明建设的推动与发展；是把学校教育与社会实践相结合的根本途径；是把全党重视和社会参与相结合的重要举措。总之，加强学校与社会之间的合作，把握天时地利人和，让学生不仅能在学校接受系统的训练和教育，激发积极向上的学习氛围，也能在社会的大课堂上不断历练，学习社会规范，扩大社会交往，适应21世纪发展的需要。校社合力共育是一个持续性的过程，如果学校教育真正得到全社会的有力支持和积极配合，必将实现同心、同向、同步、全程、全员、全方位的教育模式，使宁海教育呈现出"事事有人关心，处处有人留心，时时有人操心"的大好局面。

单翅的天使也能飞

——例谈单亲家庭子女的个性引导教育

杨丽娜

　　每个孩子都是降临到人间的天使，对于羽翼未丰的他们来说，父母的爱就是孩子腾飞的双翅。但当一侧翅膀中途折断了，单翅的天使会停下来还是继续前行？他又能期望怎样的"幸福"呢？

　　在我们的教育对象中，有一个特殊的群体——单亲家庭子女。在他们当中，有的是父母离异、有的是父母中一方离世。他们有不少还是比较优秀的，但也有相当一部分，由于家庭的破裂，他们的生活环境发生了巨变，幼小的心灵遭受了沉重的打击，从小就饱受家庭动荡所带来的磨难，形成了心理上的失衡。孤独、忧虑、失望时常环绕他们，造成他们情绪低落，性情浮躁，性格孤僻。这种心态如不及时纠正，久而久之，就会使孩子性格扭曲，严重影响其情感、意志和品德的发展。一些专家指出："单亲家庭教育是失衡的教育。"这给学校教育增添了新的课题和带来了严峻的挑战。本文将例举一些单亲家庭学生的案例，分析造成孩子性格缺陷的原因，从而反思如何引导单亲子女找到自己人生的航向……

一、案例分析

　　案例1：小翔，男，现五年级学生，幼年丧父，二年级转入我校，思维敏捷，反应快，成绩优良，但脾气暴躁，易怒，经常与同学甚至老师发生争执；而且特别喜欢告别人的状，看到别人被老师批评就会很得意。

案例2：小应，男，现五年级学生，父母离异，母亲再婚，跟父亲一起生活。他脑瓜灵活，但是缺乏上进心，上课注意力不集中，平时上课不是跟身边的同学讲话，就是无力地趴在桌子上神游，成绩很不理想；对集体漠不关心，行为散漫，自控能力差；多次发现他"敲诈"同学。

案例3：小晨，女，现五年级学生，父母离异，跟母亲一起生活。她上课不敢发言，成绩中等；忧郁、胆小、孤僻，看不到她脸上的笑容，看不到她与同学交往，在班级中她没有要好的朋友，做任何事都显得信心不足。

案例4：小静，女，现四年级学生，父母离异，跟父亲一起生活，但父亲工作很忙且不在本县，故平日托在补习班老师家中。该生较聪明，但是爱耍小聪明，而且比较懒，自尊心强，如果老师关注她表扬她，她便会努力学习表现；反之，则破罐破摔。

从以上案例分析，单亲家庭子女虽然有些还是比较聪明，比较优秀的，但是从某种程度上来说，性格上还是存在缺陷的。如案例1的小翔，脾气暴躁易怒；案例2的小应，自控力差，对集体漠不关心，行为散漫；案例3的小晨，胆小孤僻，缺乏自信；案例4的小静，爱耍小聪明，懒惰。那么到底是什么原因使他们产生这样的性格缺陷呢？我做了如下归纳：

（一）亲情的缺失

当一个人遇到挫折、失败、伤心和困难时，第一个想到的便是亲人。可是单亲家庭子女的父亲或者母亲往往要为生计奔波，陪伴孩子的时间较少，缺乏亲情的沟通，根本无暇顾及孩子的点滴感受，虽然有些家境还不错，但总归没有一个完整的家庭教育氛围。亲情的缺失易使孩子失去安全感，案例1中的小翔就是一个典型，细想为什么他平时动不动就跟同学争吵，其实是先发制人，出于本能的自我保护意识，因为他总觉得别人会攻击他，所以他得先把自己保护起来，占据有利的先机。但仔细观察，他的内心是极其脆弱的，极度渴望父爱。记得有一次英语课写"A Nice Day"，他写着："I have dinner with my father and mother at 5:00. What a nice day!"虽然是很普通的句子，可是当我看到这句话时，内心隐隐一痛。案例3中的小晨，因为得不到父爱这种强有力的保护而缺乏安全感。案例4中的小静也是一样，多次从她口中听到她不想去补习班老师那里，可是她爸爸根本不考虑她的想法，甚至觉得让她跟着补习班老师比跟着亲生父亲要好。

（二）赞赏的缺失

人是一种喜欢被别人爱、被别人理解的动物，心灵如玻璃般透明的孩子更需要我们的呵护与赏识。对孩子来说，鼓励的眼神、肯定的话语像是自信的种子，播撒在孩子的心田。可是单亲家庭的孩子往往比一般孩子得到的关注和赞赏更少。案例2中的小应和案例4中的小静就是典型的例子，根据各科老师反馈，其实小应还是一个可以扶得起的学生，平日在学校里，只要老师对他稍加赞许，管教稍微严格些，他都能完成学校的任务；可是，一放学回到家，他就成"自由人"了。小静也是如此。赞赏的缺失使他们失去了前进的动力。

（三）管理的缺失

"教不严，师之惰；养不教，父之过。"道出了家庭教育的重要性。可是单亲家庭的父亲或者母亲往往不能起到很好的管教作用，以至于孩子放任自己，越长越迷失自我。

为了帮助他们感受到家庭和学校的温暖、找回安全感、打消自卑心理、重建自信心，我采取了一系列措施。

二、家校配合，如阳光普照

"一日为师，终身为父。"作为他们的任课老师，自然要承担起他们第二父母的责任。我们有理由相信，只要我们学校跟家庭齐心协力，给孩子多一份心，多一点爱，就能为他们营造一个和谐的生活和学习环境，他们也就能多一点坚强，多一点自信。结合经验，我觉得可以从以下几个方面着手：

（一）全面了解学生

要想对单亲孩子进行爱的倾注，必须得知道孩子心里在想什么，他们最需要的是什么。作为教育者，我们必须全面了解学生及他们家庭的情况。我针对班级中的几位单亲孩子，特别利用空余时间对他们进行了各种形式的了解，如案例1中的小翔，我通过观察发现每天放学几乎都是妈妈来接的，故利用此机会，时不时地跟她妈妈聊聊天，了解情况。每次当他跟同学发生矛盾都会"先下手为强"，说起话来也总是带着攻击性……当我们了解到他的家庭背景后，对于他的行为我们也许能体谅些，并用更合适的方式去教育他。

然而现实中，我们有的班主任在了解单亲家庭的孩子时，往往仅凭借孩子学籍卡上的那点文字，或靠从同学那打听来的甚至是道听途说的信息，常常会出现偏差。这样的话，我们就不能对症下药。所以作为老师一定要抓住任何了解学生的机会，如家访、电访、谈心、家长会等方式去了解学生。当然了，作为家长，也不能抱着"老师是教书育人的，我只负责孩子的生养"这种观念。毕竟孩子是亲生的，既然把他们带到了世上，就该对他们负责到底，即使平日工作再忙再累，也要抽出时间了解孩子。

（二）建立家校联系

互联网的发展，为家校联系搭起了一座桥梁，微信、短信、"翼校通"等让学校和家庭实现了"零距离"接触。我平日就是通过微信群跟家长建立联系的，通过微信，家长和老师可以随时交换和分享孩子的信息，并针对孩子的表现，及时地实施教育，还可预见性地防止他们犯错，在此基础上再结合传统的家访，就能收到更好的效果。

当然了，针对学校的教学安排，可能会出现更换老师的情况，那么对单亲孩子建立专门的成长经历档案，对他们进行长期的跟踪，就显得非常有意义。

三、真情倾注，如清泉沐浴

我坚信：学生只有在教师"真爱"的陶冶下，才能更积极健康地成长。

所以，当他们需要关心、帮助时，我们要对他们倾注真诚的爱，这样才能让他们如沐浴般净化心灵，做更好的自己。可以采取以下方式：

（一）用爱唤醒爱，帮助单亲孩子建立自信

调查数据显示，多数单亲孩子认为自己没有价值、没有能力，不受他人重视。然而小学阶段又是形成自信的重要时期，如果他人能对他表现出信任、尊重、赞美、鼓励，他们便会形成积极的自我认识；如果他们经常被拒绝、嘲笑或忽视，则很容易导致他们自卑和自我封闭。如案例 3 中的小晨，自从父母离异后，母亲重新开始一场新的婚姻，然而小晨却因此在家经常跟母亲闹别扭，唱反调，在校也总是远远地看着其他同学一起嬉戏，一起学习。观察到这一情况后，我先是有意识地在课堂上让她回答问题，并经常当众放大她的优点，以消除她的戒备心理，还私底下找她聊天，告诉她：一个人只有把自己融入集体之中，热爱集体、热爱生活，才能被别人爱并感受到生活的美好。并给她制造了参与团体活动的机会。渐渐地，她也感受到了老师和同学的爱，进而开朗自信起来。

（二）用爱撞击心扉，让单亲的学生撑起远航的风帆

我会利用课余时间，以一个朋友的身份找他们谈心，了解他们的心事，关心帮助他们，逐步走进他们的内心世界。当他们遇到困难时，及时地伸出援助之手，帮助他们解决困难。接触了案例 4 中的小静后，她也逐渐会找我聊天，讲她的补习老师，讲她的烦恼。接触了案例 1 中的小翔后，发现他更热爱我所教的学科了，每次下课都会跑来问问我关于学科的信息。

四、多管齐下，以诚感化

学校能做的解决了，接下来就是家里的父母了。"父母是孩子的第一任老师"，孩子平日与父母朝夕相处，构成了情感上的强烈依恋，家长对孩子的影响是最强烈的，情感上刚刚受到伤害的父母，在心理上还不平衡，有时自己无法走出来。所以作为教师有必要对他们进行心理指导，把他们先"教育"好。

我们应帮助家长调整思想认识、调整情绪，不对孩子产生负面的影响。家长还要注意自身的言行，不在孩子心中培植负疚感，特别是离异的家长。

总而言之，"冰冻三尺非一日之寒，水滴石穿非一日之功"。实践经验告诉我们，转化单亲家庭子女的工作不是一蹴而就的。真正的教育是心心相印的活动，唯有从心里迸发，才能达到心灵的深处。无痕的关爱是打开孩子心锁的钥匙，正如"予人玫瑰，手有余香"，玫瑰在别人心中绽放，却馨香相随。把心献给学生，像园丁那样，用晶莹剔透的水珠洒向需要关爱的弱势群体，让他们茁壮成长，是我们每位教师应该做的事情。

试论陶行知生活教育与当前素质教育

应荷浓

　　"问渠哪得清如许，为有源头活水来。"这是南宋理学家朱熹《为学》诗中的名句。为学如此，教育亦当如此。陶行知的生活教育主张以人的生活欲望、生活要求作为教育的根据，可以因生活的变化而变化，与时俱进，犹如源头活水，生生不息，使受教育者人人在生活中找教育，在教育中接触生活，教育的目标、内容、方法都不能脱离现实社会生活的需要。陶行知的生活教育理论对于当前基础教育旨从"应试教育"转向素质教育，无疑是一泉源头活水。它注入素质教育之中，使教者、学者都能"清如许"地明确怎么教、如何学。因此，生活教育理论对于我们当前的教育改革仍然有一定的现实指导意义。

一、生活教育的目标与素质教育

　　陶行知先生认为，教育起源于生活，生活是教育的中心，教育应为社会生活服务，在改造社会生活中发挥最大的作用。因为生活教育追求的目标是"教人求真，学做真人"。对此，他反复强调："教育是教人做人，教人做好人，做好国民的意思。"把做人提高到了教育目标的高度。他要求学校培养能发明工具、制造工具和运用工具，善于改造社会和征服自然的人才。

二、生活教育内容与素质教育

陶行知的生活教育内容博大，是动态的，因生活的变化而变化，所以也是全面的，由此而开展的教育是有利于受教育者终身的，即如他所说的"出世是破蒙，进棺材才算毕业"。他说："做一个现代人必须取得现代的知识，学会现代的技能，感觉现代的问题，并以现代化的方法发挥我们的力量。时代是继续不断前进的，我们必得参加现代生活里面，与时代俱进，才能做一个长久的现代人。否则，再过几年又要成为时代的落伍者了。"这里提出了教育要置身于现实社会之中，要走进生活里去，与社会实践相结合，要学以致用，发挥自身力量，与时俱进。强调了教人育人的功能，刻画了人的素质形象，突出了提高民族的文化素质在于教育为本的思想。"生活即教育""社会即学校""教学做合一"这三大原理构成了陶行知生活教育有机的整体内容。生活决定教育，与生活相结合的教育才是真正的教育。学校与社会密切相关，陶行知对此的形象比喻是"要把教育从鸟笼里解放出来"；"教学做合一"，"做"是中心，既是所学内容的中心，也是所教内容的中心。这对于我们改革传统的封闭式教学，实施素质教育具有重要指导意义。现实生活中需要的是全面发展、品学兼优、视野开阔、生理心理健康、高素质的人，需要的是健康的教育内容与措施。实施素质教育，小而言之，是为受教育者的终身受益负责，为他们的未来负责；大而言之，是为国家、民族的未来负责，是为中华的和平崛起而立于世界民族之林负责。

陶行知生活教育十分强调健康教育，他说："要教人做人，它要教人生活，健康是生活的出发点，它第一就注重健康，它反对杀人的各种考试，它只要创造的考试，也就是它不教人赶考赶人死。简单地说，它是教人读活书、读书活。"这里关于考试问题下面另作论述，单以健康教育看，因为人健康素质的基础，主要是在学生时代形成的，学校教育对人的健康素质基础的形成，在某种意义上说，起着决定性的作用。据相关报道，某些小学近视率高达70%，是何等触目惊心！陶行知先生在中国教育史上首次提出"第一就注重健康"是何等远见卓识，而那个时代正是中国人被外国讥为"东亚病夫"的多难的时代。

三、生活教育方法与素质教育

陶行知生活教育方法主要概括在他所倡导的"教学做合一"这一教学方针上。教学方法由三个部分组成：一是怎样做便怎样学，怎样学便怎样做；二是教法、学法和做法合一，教师既教又学，教学相长，学生则是学；三是教学不单教人学，更重要的是教人做，"做"是"学"与"教"的中心。这一教法体现了陶行知知行合一的思想方法，行是做，即实践；做是第一，知是第二。它符合科学的认识论，在做上教，在做上学，可以在实践中不断检验教学的内容是否正确，学生学的效果是否良好，从感性认识上升到理性认识，加速了"行—知—行"的发展过程，获得的知识技能也就坚实牢靠。它克服了传统教学中脱离生活、脱离社会、脱离实际的三脱离弊端，把单纯传授书本知识，死教书、死读书的教学转移到着重培养学生自学能力和创造能力的轨道上来。

当前我国基础教育课程改革着重"倡导学生主动参与、乐于探究、勤于动手，培养学生搜集和处理信息的能力、汲取新知识的能力、分析和解决问题的能力以及交流合作的能力"，这就把学生的主动性与能力培养列为了一项教育的具体目标，推进素质教育，予教育以方向。陶行知先生当年就曾说"好的先生不是教书，不是教学生，乃是教学生学"；"'学'字的意义，是要自己去学，不是坐而受教"。叶圣陶先生用一句话来概括教学："教是为了不教。"两位教育界前辈立德、立言，异曲同工，以其教育成功实践教诲后辈，对于今天如何进一步推进素质教育、如何贯彻"新课改"精神，无疑具有很好的借鉴和指导意义。

四、陶行知生活教育对当前素质教育的现实意义

陶行知留下的生活教育理论遗产博大精深，是现代教育改革的宝库。我们应学习陶先生为人师表的高尚师德和敬业精神，研读他的生活教育丰富遗产，在当前基础教育课程改革、全面实施素质教育中，努力做出一份贡献来。

言传与身教

——"孔融让梨"与"寇母训子"

周伟波

现代的教育往往会误入苛求、责备与讲大道理中，越是知识分子，如教师、政府官员、科技工作者等，越容易步入讲大道理的误区，每天惹得自己不顺心，孩子不乐意，导致孩子与家长学习工作效率降低。殊不知，大道理讲得越明了，孩子就听得越糊涂。道理好比是毛，生活好比是皮，皮之不存，毛将焉附？在生活中，让孩子自己去寻找道理，挖掘道理，探索道理，言传与身教并存，身教大于言传，总比我们家长每日喋喋不休来得更加有效。

下面这则教子的案例，可以说是"孔融让梨"的变版，非常精彩：

儿子上小学四年级，平时在家中是个十足的小皇帝，嗜蛋，特别喜欢吃荷包蛋。

一天早晨，我做了两碗荷包蛋面条，一碗面条上有蛋，一碗面条上无蛋。端上桌，我问儿子："你吃哪一碗？"

"有蛋的那碗。"儿子指着卧蛋的那碗。我说："让我吃那碗有蛋的吧。孔融四岁能让梨，你也十岁了，该'让蛋'了吧。"

儿子态度坚决："孔融是孔融，我是我，我可不让。"

我问："真不让？"儿子竟先吃为"敬"，一口就把蛋吞了一半。

我再问："不后悔?"

"不后悔。"儿子答后又一口，把蛋全吞了下去。待儿子吃完蛋，我开始吃面。我的碗里藏了两个荷包蛋，我有意让他看清楚。

"记住，想占便宜的人，往往占不到便宜。"我指着我碗里的两个荷包蛋，边吃边告诫儿子。儿子显出了一脸的无奈。

第二次，是个星期天的上午，我又做了两碗荷包蛋面条，一碗面条上有蛋，一碗面条上无荷包蛋。端上桌，我问儿子："吃哪碗?"

"孔融让梨，我让蛋。"儿子笑着端起了面上无蛋的那碗。我问："不后悔?"

"不后悔。"儿子一口气吃到碗底，却不见一只蛋。我那碗面条上有蛋，里面还藏了一只，我又让儿子看个分明。

"记住，总想占便宜的人，有时候反而吃亏。"儿子苦笑，他想不到又被我教训了一次。

第三次，我又做了两碗荷包蛋面，还是一碗面条上有蛋，一碗面条上无蛋。

我问儿子："你今天吃哪碗?"

"孔融让梨，儿子让面……妈妈，您是大人，您先吃!"儿子手一挥，做出"孝子"状。我端着面条上有蛋的那碗说道："那我就不客气啦!"儿子端起面条上无蛋的那碗面条，吃着吃着，儿子发现自己的碗里也藏着一只荷包蛋。

"不想占便宜的人，生活也不会让你吃亏。"我对儿子说。儿子点点头，我相信儿子一辈子也忘不了这三次吃荷包蛋给他的教训……

这个故事是一个真实案例，是一位农村妇女写的。小故事中有三个节点：第一次是作者的儿子不愿意让出那碗面上有蛋的面条，而将表面看来无蛋的面条给了妈妈，想占便宜，到头来却占不到便宜；第二次是作者的儿子汲取了上次的教训要了那碗面上无蛋的面条，将有蛋的给了妈妈，最后反而吃了亏；第三次是作者的儿子吸取上两次的教训，也懂得了妈妈想要教育他什么，自己主动将有蛋的面条给妈妈吃，自己吃无蛋的那碗，最后却意外得到了一只荷包蛋。

这个故事意味深远，读来嚼之有味，一气呵成。可以相信，儿子一辈子也忘不了这三次吃荷包蛋的经历给他的教训。家长的教育，应是最好、最基础的教育。最好的教育，就应如春雨一般"随风潜入夜，润物细无声"，不露痕迹地、悄悄地渗入孩子的骨髓里，成为他成长的一个基因片段。

正如《寇母训子诗》中所写的宋代著名政治家寇准的一个故事：

寇准自幼丧父，家境清贫，全靠母亲织布度日。寇母常常于深夜一边纺纱一边教寇准读书，督导寇准苦学成材。后来寇准进京应试，得中进士。喜讯传达寇准母亲这里，寇准母亲正身患重病，临终时将亲手画的一幅画交给刘妈说："寇准日后必定做官，如果他有错处，你就把这幅画给他！"

后来，寇准做了宰相，为庆贺自己的生日，他请来了两台戏班，准备宴请群僚。刘妈认为时机已到，便把寇母的画交给他。寇准展开一看，见是一幅《寒窗课子图》，画幅上面写着一首诗：

孤灯课读苦含辛，望尔修身为万民；

勤俭家风慈母训，他年富贵莫忘贫。

这赫然是母亲的遗训，寇准再三拜读，不觉泪如泉涌，于是立即撤去寿筵，此后专心料理政事，遂成为宋朝一位有名的贤相。

这个小故事只是一个小小的缩影，孩子终究会从生活中明白做人的道理。"孔融让梨"让的并不仅仅是"梨"，他让的是自己的理解，展现的是自己对于"大度、谦让"的理解。当教育变得充满智慧的时候，当父母们学会在生活中将教育变得充满创意的时候，教育便不成问题了。

特别的爱给特别的你

——个性孤僻孩子的转化

杨书姣

璀璨明亮的钻石最吸引人，那些大明星无论走到哪里都会引起人们的关注。的确，美好的东西人人都喜爱，我们教师也特别喜爱那些聪明、成绩优秀、表现突出的优等生，而特别容易忽视那些性格孤僻、默默无闻的孩子。这些孩子往往一个人静静地坐在教室里，或者冷漠地看着同伴在玩耍、游戏，哪怕他周围的同学玩得非常快乐，似乎也和他没关系。长期的孤独必然会导致孩子对所处的团体、对自己、对他人产生偏见，孤独的孩子往往自卑感强、自信心差，很少与他人接触，业余爱好少，学习的能力得不到锻炼，稍有刺激，都有可能会引起情绪剧变。孤僻的孩子往往内心痛苦，既影响情绪，又影响学习和生活。我们老师应该对这些孩子给予特别的关注、特别的爱，主动与他们交流，走进他们的心灵深处，排解他们的心理阴影。

一、个案描述

李宁是一个非常聪明的小男孩，喜欢看书，喜欢一个人独自、安静地活动，极少和周围的同学聊天、活动，对集体的事情漠不关心，而且不爱劳动，对其他同学还会表现出嘲讽的意味。在学习中时有偷懒的行为，上课爱发呆、走神；在活动中我行我素，对老师的批评不屑一顾，非常固执。他在家也很少与人交流，总是以命令的口气对待家人和长辈，稍不遂愿就扔东西。孩子们都不愿意跟他一起玩，家长也对他没办法，他的成绩急速下降。

二、个案分析

他是个独子，内向的他不爱与同伴交流，不愿与同龄人交往，性格也变得比较孤僻。由于爸爸妈妈上班没有时间陪在孩子身边，李宁的日常生活由爷爷奶奶照顾。爷爷奶奶对他宠爱有加，常被他呼来喝去的。爸爸妈妈为了弥补对孩子的亏欠，对孩子的各种物质需求都尽量满足，但对孩子的心理需求关注很少，不能及时把握孩子的内心想法。这个长期处于溺爱和孤独环境中的孩子，不愿意主动和人讲话、与人交往。他沉默寡言，缺乏自信，不合群。一段时间后，他既没有自己的好朋友，也不被别人所接纳，于是他逐渐成了远离集体的"排斥儿童"，有时会为了引起别人的注意采取破坏行为。

三、教育策略

孩子养成孤僻性格往往是事出有因的，或受家庭环境影响，或受过刺激、伤害，或身患疾病等。孩子孤僻的最主要表现就是不与人接触，教师应寻求原因，对症下药。

（一）多一点关注，多一点表扬

我们教师要做有心人，善于观察、捕捉发生在孩子身边的每一件有教育价值的事情，切不可视而不见，而应及时分析原因，对症下药，使学生形成活泼开朗的性格，促进个性的发展。对于李宁要给予更多的关注，多给他锻炼的机会，有意让他帮老师做一些力所能及的事情。如李宁早上到校比较早，我就经常委托他管理同学，检查同学的佩戴情况，并有意识地在大家面前夸奖他，让他体验劳动的快乐，增强他的集体荣誉感。

当一个人听到赞美的语言时，往往能激发出一股巨大的精神力量，像李宁这样孤僻的孩子更需要表扬。我们要善于发现他们身上的闪光点，引导他们有意识地去发扬优点，克服缺点。尽量让他们做一些力所能及的事，并及时鼓励表扬他们，使他们重拾信心，追求进步。

（二）创设集体活动，体验快乐

集体是矫正孤僻的良好环境，集体活动可认使孩子变得活泼、快乐，可以使孩子寂寞的情感得到补偿。集体活动、与同伴之间的交往可以改变孩子的性格。平时班里可以多组织一些与同学合作性的游戏，让他和大家一起玩，教给他与大家相处的方法，体验与小伙伴一起玩耍的快乐。组织丰富多彩的教育活动，运用灵活多样的教学方法，激发李宁的学习兴趣和求知欲望，吸引他的注意力，逐渐提高他的参与意识。

（三）多一点宽容，以真情去感化内心

俗话说"人非圣贤，孰能无过"，人总有犯错误的时候。对李宁在学习和其他方面犯的错误，我们老师要适当宽容。老师的宽容换来的是学生对老师的信任，宽容能换来一片艳阳天。当然，宽容决不是放任不管，而是班主任对他的无限期望，它跟严格要求是相辅相成的。李宁更需要老师的关爱，因为孤僻的孩子犯了错，心理上处于脆弱的状态，更需要老师的关怀和尊重。真情关怀是治疗心灵创伤的良药，是打开学生心扉的钥匙，是转化的最有效的方法。

（四）消除自卑，树立自信心

培养和保护孩子的自信心，激发孩子的积极性和主动性，是改变孩子孤僻行为的有效途径。孤僻的孩子具有自卑心理，这主要是由于他们在生活和学习中遭遇到过多挫折与失败，他们因学习成绩不如人愿、屡犯错误，所受到的批评总是多于表扬，指责多于鼓励，于是自认为低人一等。他们得不到父母、老师或同学的理解、同情和尊重，内心是极为痛苦的，因此他们更渴望得到周围人的尊重。

前苏联著名的教育家马卡连科曾经说过这样一句话："用放大镜看学生的优点，用缩小镜看学生的缺点。"我坚信好学生是夸出来的，于是通过不断寻找李宁身上的"闪光点"去消除他的自卑心理。也许一句激励的话、一点掌声，就能诱发他们埋藏在心底久违的荣誉感，他们会十分珍惜来之不易的荣誉，从而去努力，去赢得更多的表扬和掌声，激发"我能行"的自信心。

（五）家校配合，形成教育合力

老师要利用家访了解孩子的生活状况，采取相应的措施；与家长交流教育孩子的方法，关注孩子的内心需求；多和孩子交流，主动了解孩子的思想动态。为帮助家长更好地做好李宁的转变工作，我给家长提出了这样几条建议：

1. 增加跟孩子交流的时间

深厚的亲情感是消除儿童孤僻行为的起点。家长应每天多挤出些时间亲近孩子、跟孩子交流，引导孩子说说一天的学校生活，自己最喜欢做的事情、最喜欢的东西、认识的新伙伴及有趣的事情等。

2. 扩大孩子的生活空间

家长应创造条件让孩子与小伙伴一起玩耍。节假日带孩子到游乐园、动物园、公园等场所玩，带孩子去亲朋好友家串门，减少孩子对不同人、不同情境的陌生感。多为孩子提供交往锻炼的机会，鼓励孩子欢迎主动上门来玩儿的小伙伴，并为孩子提供交往的环境、游戏和感兴趣的玩具等。家长应让孩子从"自我"的小圈子走出来，让孩子到大庭广众中去接触社会人群、参加游戏等，使其与周围的人们建立友谊、交流感情，并由此感到周围的人及集体是可以亲近和依恋的。

3. 创建良好的家庭氛围

家长应经常与孩子玩亲子游戏，创造出一个和睦、宽松、自由、民主、和谐的新型家庭关系，让孩子在互敬互爱的家庭气氛中形成合群的性格。要让孩子真正感到自己是家庭中的重要一员，感到家庭的温暖、体验到家庭的欢乐。当孩子有什么不愉快的事情时，家长应该设法转移他的注意力，引导他做他喜欢做的游戏，或听音乐、唱儿歌、讲故事。家长可以通过引导孩子完成力所能及的任务，让孩子体验成功的快乐。这实际上也就培养了孩子的主动积极的社会行为，消除了孤僻、畏缩行为。这有助于孩子形成活泼、开朗、乐观、积极向上的良好性格。

4. 树立良好的榜样作用

俗话说"近朱者赤、近墨者黑"。家长的自我封闭、无良好的人际关系会对孩子产生潜移默化的作用，孩子会因此而产生孤独感，形成孤僻的性格。因此，作为孩子的第一任启蒙教师，家长应以身作则，在言行、人际交往等各方面都应给孩子树立一个良好的榜样，孩子耳濡目染，就会在不知不觉中塑造一个良好的性格。父母在孩子的教育方法上，既不能过分溺爱，也不能要求过严。过多指责会捆住孩子的手脚，使其成为谨小慎微的人；过分溺爱易使孩子产生依赖心理，缺乏积极主动的进取精神。

5. 尊重孩子，多些鼓励和赞扬

如果家长经常随意批评、否定甚至指责训斥孩子，孩子就会丧失自尊心和自信心，会感到自己很笨和行为不好，这种自我体验几经反复固定下来，就会使孩子形成自卑孤僻的性格，家长不妨采用一些肯定的评价，如"虽然你没有成功，但我仍要表扬你，因为你已经努力了。""你一直在努力，再加把劲，一定做得更好!"这样注意评价和态度，多肯定和鼓励孩子，如爱抚、点头、微笑、夸奖等，都会收到意想不到的效果，使孩子自信、开朗起来。

四、教育效果

经过一段时间的努力，我发现李宁有了明显的转变：刚开始时他是为了喜欢游戏而勉强和同伴在一起玩，但在与同伴的合作过程中，慢慢地与同伴产生了友情，并体验到了与同伴合作的乐趣。现在他可喜欢为集体做事了，而且还有了自己的朋友。自由活动时间，他有时和同学下棋，有时和小朋友一起看书，有时……他体验到了同伴、老师、父母的关爱，感受到了与同伴交往的乐趣，木然的表情已远去，灿烂的笑容悄然而至。总之他现在能主动找同伴玩耍，应该说我的教育是比较成功的。

五、得出启示

通过这个案例，我觉得我们更要发挥教师在学生心理健康教育中的作用，最重要的是为学生创设一个良好的心理环境，这主要包括以下几个方面：

第一，教师应提高自身的心理素质，以健康的人格影响儿童。

第二，教师言行对学生的人格发展有着潜移默化的影响，对于儿童来说，教师尤其要注意自己的一言一行。因为，一次不经意的谈话，一个不小心的失误都可能影响儿童的人格发展。许多教师总认为孩子小，不懂事，在学校里采取斥责、讥讽、冷漠的方法处理学生问题的现象还时有发生。其实，教师对学生的态度，学生是十分敏感的，遭斥责、讥讽的经历对学生的心理健康是绝对有害的。有的学生就是由于遭到教师的斥责、讥讽、惩罚等而不愿意上学。

第三，应注意对学生进行心理健康教育。切实可行的做法是将心理健康教育融入学生的必修学科，使之成为学生学习生活的一部分。

第四，应注重家校配合。家庭是学校的合作伙伴，是孩子教育中不容忽视的后备力量。学校要经常向家长传授科学的教育方法和经验。任何活动的展开如能得到家长的支持和配合，往往能收到事半功倍的效果，小孩子健康心理的养成也不例外。我们可以开展家庭教育咨询，交流家教经验、切磋家教艺术，让更多家长从传统家教观念中走出来，使孩子的心理教育在家庭教育中得以落实。

总之，在教育教学的过程中，我们老师要给予孤僻的孩子最真诚的关怀与指导，不要轻易放弃。时刻关注每个学生，让孤僻的学生走出自己的小圈子，使他们积极向上，健康地成长！

5 + 2 = 0   还是   5 + 2 > 7

——小学生双休日不良学习习惯的成因及对策研究

麻维维

"老师，某某同学作业没写""老师，某某同学作业没带""老师，某某同学生病请假"……每个星期一的早上，都会发生学生因家庭作业没完成而被老师批评的现象。即使完成的作业，从正确率、书写等方面去看，质量也较平时差很多；甚至还有学生借故生病而逃避学习。是什么原因造成星期一的作业质量低下，难以批改？又是什么原因造成学生不惜借故生病逃避学习？又有什么办法能解决或能缓和这个问题呢？

一、小学生双休日不良学习习惯的成因

其实上述现象类似于成人中的"星期一综合征"。"星期一综合征"的机理，被认为是巴甫洛夫学说"动力定型"的"混乱"——旧的动力定型被破坏，而新的动力定型难以建立。人们从星期一到星期五，分秒必争，聚精会神地工作和学习，形成了与学习和工作相适应的"动力定型"，把与工作和学习无关的事置之度外。轮到双休日，这些被置之度外的事又被提上议事日程，而且必须料理。这样，双休日就成为格外忙碌的日子。有的忙于繁杂的家务，里里外外，劳碌奔波；有的则趁双休日玩个痛快，逛商店、游公园、看电影，特别是那些牌迷和网虫，更是夜以继日；有的则是利用双休日走亲

访友，或家人团聚；等等，不一而足。这两天，把原来建立起来的工作与学习的"动力定型"破坏了，待到双休日过后的星期一，必须全身心重新投入于工作和学习，即必须重新建立或恢复已被破坏了的"动力定型"，这就难免会出现或多或少的不适应，即所谓的"星期一综合征"。不仅上班族有"星期一综合征"，其范围已经扩大至中小学生，甚至幼儿园的孩子们。

我从本班 55 位学生调查中概括出了五种周一不良行为：

1. 注意力涣散 25（45%）。

2. 纪律松散 12（22%）。

3. 作业质量差 10（18%）。

4. 精神疲惫 5（10%）。

5. 借故生病逃避学习 3（5%）。

小学生这五种不良行为表现不仅涉及认知领域，也反映在情感领域中，其中认知领域的注意力尤为突出。在被调查中小学生周一的不良行为突出表现为"注意力涣散"。小学生易受到偶发事件的干扰，表现为"左顾右盼""做小动作"等；第二表现为"纪律松散"，学生经常"忘做值日"，"迟到"现象严重，上课时"爱讲闲话"；第三表现为"作业质量差"，不是"没按时完成家庭作业"，就是"作业错误百出""字迹潦草"以及部分学生"少做、漏做作业"；第四表现为"精神疲惫"，课堂上对教师的提问"反应迟钝"或根本"不予理睬"，课间不愿意参加有益的户外活动；第五表现为借故生病逃避学习。

"星期一综合征"的存在已是不争的事实，那么究竟是什么原因造成这一"综合征"的？有 85% 的教师把它归结为家庭教育的失误，更有一些教师认为"5＋2＝0"，也就是说，双休日对学生造成的负面影响使学校教育做了"无用功"。这具体表现为"不良的家庭氛围对学生情绪干扰""过度地游玩造成了精神疲惫""刺激有趣的经历对学生的延时干扰"等。而事实是，教师在双休日也可能有与学生相同的经历，从而表现出类似的星期一不良行为，进而也影响和干扰了学生的情绪与行为。学生在校期间，每天从早到晚，学习、生活被安排得紧张而忙碌，这期间学生们把与学习无关的事情暂时放到了一边，分秒必争。到了周末放假回家后，大多数学生就把学习抛至脑后，而把一些与学习无关的事放到了"重要"位置。而在这段时间里，家长们依然忙碌各自的事业，很少抽出时间亲自督促和辅导孩子的学习；也有家长甚至认为孩子在学校里已经学得很辛苦了，在假期里就应该好好玩一下，所以都不会去干涉孩子的学习与生活，而任其玩乐。这鲜明地反映出周末放假在部分学生的学习过程中产生了不良的影响，使教师的教学效果也大大降低，因而产生了"5＋2＝0"的说法。

二、小学生双休日不良学习习惯的对策研究

"星期一综合征"是不可避免的，小学生每周都在重复"破坏秩序—调整秩序—建立秩序"过程。针对上述现象，要充分调动教师、协调家长，从小学生的心理特点出发，引导孩子排除干扰，合理安排双休日休闲，从而让学生缩短调整适应的过程，尽快步入良性循环，促进学生的可持续发展，更使学习效果达到5＋2＞7。

（一）立"周一晨会"

经过双休日的学生需要有一个缓冲期，为周一的有效学习作心理准备，然而许多学校大型的全校活动冲击了各班的晨会，使得学生在紧张的星期一更加忙乱。如果匆匆忙忙开始教学活动往往事倍功半，明智的策略是还学生一个放松的晨会。因为注意力贯穿于小学生心理活动的全部过程，培养良好的注意能力，对于缓解"星期一综合征"是非常重要的。当然要培养小学生的注意力，必须遵循注意活动本身的规律，并配以各项有效的措施。

（二）教学中的注意力培养

心理学研究表明，有意注意和无意注意两者有节奏地交替调节，有利于注意稳定性的提高。因此，在课前进行游戏活动之后，课堂教学要有意识地发展学生的有意注意。有意注意对以下因素产生依赖性：活动的目的与任务、学习的兴趣、活动的组织、知识经验、意志品质等。教师在教学设计中要充分考虑以上因素，让周一的课堂教学生动、活泼、有趣，如竞赛活动、操作活动、角色游戏等。与此同时，加强师生的双向沟通也是引起和维持有意注意的一个因素。教师的语言指导以及学生的出声语言是学生的内部语言发展的关键，从而使有意注意的发展进入高级阶段。此外，教师还可以充分运用有意后注意的价值。

（三）个别心理咨询

当个别学生由于受到家庭突发事件，如父母离异、亲人亡故等影响，从而表现为"星期一综合征"时，教师应在课后为学生提供倾诉场所。许多教师也像其他人一样很难理解和接受通过"倾听"就能帮助他人。古人说："沉默是金。"心理学家把大部分时间花在听上，他们得出经验，倾听是治疗受压抑的人的有效工具。因为倾听可以促使一个受压抑的人倾诉他的负担，可以使他的内心净化，可以让他压抑的感觉减轻或消除，可以给有问题的人以主动权。也可以告诉他，你乐意承担他所说的一切。

（四）有针对性的预防式教育

平时有很大一部分学生会在放假的前几天进行所谓的"倒计时"来作为自己的学习动力；也有同学早已按捺不住回家的迫切心情，早早地"蠢蠢欲动"而不再关注学习。教师们应该提早关注学生中的这一现象，并提前与个别学生进行谈心，把他（她）们过早地一味想着回家的注意力转移到正常的学习上来。另外，在上课过程中，教师可根据学科特点渗透对周末时间安排的教育指导；在返校后的星期一，教师应在这一天的课堂上安排相对容易的内容，组织一些有趣的课堂讨论，充分考虑学生存在的"星期一综合征"现象，布置相对较为轻松且有助于复习放假前有关知识的作业。此外，班主任老师还可以在放假日的中午，对学生集中进行预防式教育，布置假期作业与任务，规划好学生的假期生活。

（五）构建学校、家庭、社会三位一体的教育模型

如果我们仅重视平日学校教育，而忽视休息日的家庭管理与教育，同样会使我们的教育面临"5＋2＝0"的失败境地。因此我们认为建立学校、家

庭、学生三位一体的教育模型，对于实现我们的转变目标很重要。对此，我们采取了以下措施：

1. 开好家长会，促进教师与家长之间、学生和家长之间的了解与沟通。我们的家长会不是人们传统观念中的"告状会"，而是真正意义上的家校互动，一般都在轻松活跃的气氛中进行，教师们会安排不同的环节。这些活动提供了一个孩子与家长之间交流、了解的平台，促进了父母与子女之间的感情，也增进了家长与教师之间的信任和理解。

2. 定期进行家校书面交流。每次放假前，每一位班主任精心设计、安排、制作一份《家校联系单》，在家长接走孩子的时候一并发放。在这张《家校联系单》上，班主任一方面给出孩子在这一周里的学习情况，另一方面最主要的是给出放假时学习生活安排的建议，供家长们参考与实施。此外有时还会有一些温馨提示，如针对当前社会、教育的形势，需要家长注意的地方等。这种"笔谈"的方式免去了当面谈论某些问题的尴尬，同时在一定程度上学校也督促了家长去主动关注孩子的假期学习情况，尽可能避免孩子出现过度娱乐的情况。

众所周知，学校、家庭、社会对学生的健康成长都起着非常重要的作用，都有各自的特点，发挥着不同的教育功能，只有将三者紧密结合，才能形成良好的全员育人氛围。尤其是学校和家庭的相互配合、相互支持更为重要，学校和家庭就像水渠的两壁一样，能够引导学生走上健康的成长之路，流向缤纷的社会。总之，只有学校、家庭和社会紧密合作，才能形成一股强大的教育力量，织成一张巨大的教育网，三者共同努力才能使孩子们健康成长，告别"5＋2＝0"，从而实现我们的"5＋2＝7"甚至"5＋2＞7"的教育实效。

从旅游到育人

袁 月

每到寒暑假，很多教师会选择出门旅游，而在旅游之前，常常有两种方式供人们选择：跟团游或者是自由行，这两种出行方式各有各的优点。跟团游多数时候路线已被导游规划好，游客们可以直接参观，但是缺点在于时间紧，游客的很多行动都被限制；自由行时间宽裕，行动自由，但是可能缺乏目的性，或者无法在短时间内观赏当地最美妙的风景。

两种出行方式孰优孰劣我们无法做出判断，但是这很像我们的德育过程。在通往成才的道路上，我们就是一个个摆渡人，我们既不能紧抓学生"跟团游"，也不能放任学生"自由行"。

一、"不焦不躁"——静待花开

当我们扮演着游客角色时，如果选择了跟团游，常常意味着我们要跟着团队走，然后看一处风景拍几张照，只是证明自己来过。这种浏览风景的过程如同走马观花，旅游的体验感极差，我相信大多数人经历这样一场旅游后，对导游乃至整个旅行都会心存芥蒂，学生亦是如此。上一堂新课，我们规划好了这堂课的所有内容，希望学生跟着自己的思路走，抛出一个问题，直到学生说出自己想要的答案再接着上课，我们与导游有何区别？

片段一：科学复习课

（讲台上的一位年轻的老师向同学们提问）

师：同学们，棒冰从冰箱拿出来，为什么包装纸外会有小水珠？

生1：老师，因为冰箱里有水，棒冰把水带出来了。（老师保持微笑）

生2：老师，是棒冰融化啦！所以有水珠。（老师渐渐收敛微笑）

生3：老师，这根棒冰是开封的吗？有人偷吃过吗？（老师开始焦躁）

师：这冰淇淋是完整的，同学们再想想，结合水的三态变化，水是液态的，是什么变成了液态小水珠？

生：是水蒸气！空气中的水蒸气碰到了冷的包装袋，在袋子表面液化成了小水珠。（老师又重露笑颜）

师：没错，同学们真聪明！这就是液化呀。

我们可以看到，这位老师在教学过程中就犯了年轻教师常犯的毛病——焦躁。课前预设好学生的答案，本以为一路顺下来，同学们都能够按照预设出示答案，顺利将课堂完成。可是，遇到了岔子，这位老师便开始抑制不住情绪了，他迫不及待地希望同学们说出答案来。就如同引人入胜的导游，所走的每一步路线都是为了前往下一个旅游景点，过程中即使游客喊累，也只是稍作片刻休息。这种囫囵吞枣式的旅游，导游累，游客更累。

这一堂科学课复习的内容是关于水的三态变化，也是三年级下学期科学的重点内容。这位老师大可以带一块冰块来，放进烧杯中，再盛半杯水。伴随着时间的流逝，冰融化成水（融化），水蒸气在烧杯壁外形成小水珠（液化），酒精灯加热烧杯，水逐渐减少（汽化）。伴随着实验现象，学生的复习效率也将大大提升。

二、"不扰清泉"——问题的反面是契机

在旅游过程中，我们常常会面临各种"诱惑"，如好看的风景，有趣的纪念品，合影留纪念，甚至遇上美食，都会驻足一番。可这个时候，如果导游不解风情，依然是催催催，那么必定是惹人嫌的。看啊，这多么像我们的教育，我们成年人尚且抵制不了外界的诱惑，更何况学生呢。

片段二：美术课上的不速之客

三年级下册有一堂科学课，叫做观察蜗牛，需要同学们在饲养盒里观察蜗牛。下课后，有同学忘记将蜗牛放回饲养盒，于是……

师：现在是上课时间，你知不知道你在干什么？

生1：老师，我我我……

生2：老师，下课的时候他找不到蜗牛了，没想到在这。

师：我要你说话了吗？你看看你们，一节课都在玩蜗牛，不上课了是吗？

生1：老师，我没有，我刚看到蜗牛想把它放进盒子里，就被你发现了。

师：还狡辩！去后面罚站。

在这个片段中，我们可以明显感受到这位美术老师的愤怒。这位老师以为学生上课不专心听讲，便气不打一处来，不听学生解释，劈头盖脸就是一顿骂。老师是训诫舒服了，但是学生将在老师的指责下产生心理阴影，或许以后都不想上美术课了。更何况课堂上训斥学生，其他学生的课堂由谁负责？不公平。

学生的心智尚且不完全，或许这个孩子真的是想把蜗牛放回盒子里呢，或许善良的孩子认为蜗牛也要回家呢。我们在批评教育过程中，是否有真正关注过孩子的内心？为什么他会这样做？是我们想错了还是孩子们做错了？苏霍姆林斯基曾说："你认为孩子是怎么样的，孩子就是怎么样的。"我们把孩子当作调皮捣蛋的人，那么他就是调皮捣蛋的；我们把他想象成天使，他就是天使。对于一堂美术课，本该是孩子们艺术创作的天堂，如果班上大多数同学都有蜗牛，那么何不拿起手中的画笔，围绕着蜗牛的外形，颜色，动作进行描绘呢？如果只是照本宣科，为了完成课时任务，这样的教育又有何意义？课堂问题的反面往往是教育的契机，我们不如因势利导，及时调整课时顺序，上学生真正喜爱的课。

三、"不偏不倚"——朝着梦想前进

当没有了导游，旅游又会是一幅怎样的场景？我们依然会朝着自己的目

标前进，但是过程也许不会一帆风顺。坐错公交，错过最佳捷径，浪费时间在路上探索，这些都有可能发生，就像脱离了老师的学生们，他们也会走错路。在班里总有些优等生和后进生，优等生常常是被老师们放任的一方，教师抓得最牢的还是后进生，巴不得后进生的一言一行都能在自己的掌握之中，然后不断将其改造。在这样的背景下，有一个案例令人深思。

片段三："好"后进生与"坏"优等生

明明是三中品学兼优的好学生，是班级里的班长，学校的大队委，国旗下讲话常常有他。而方方则是完全相反，上学迟到，课上睡觉，家庭作业总不及时上交，班主任隔三岔五便向其家长告状，可谓是老师们的"眼中钉、肉中刺"。有一次学校要求学生每人上缴 70 元报刊费，同学们都交了，老师便将钱放进了抽屉里。可当中午老师上交钱时，清点后发现少了 100 元，这可急坏了班主任老师。他到处找过却没有发现任何蛛丝马迹，于是问同事中午有谁来过办公室，周边老师指出明明来交过作业，方方也来过。

这样一听，班主任马上怀疑起方方，迅速找其来谈话，问方方来办公室干什么。在谈话过程中，方方却支支吾吾，这更是加重了班主任的怀疑。随后又叫来明明，明明说自己只是来交作业的，班主任便将嫌疑人对准了方方。班主任先将 100 元垫了上去，随后便展开了调查，结果真相令人咋舌。那一天，原来是自己信赖有加的明明，趁着午间交作业之际，暗中伸向了抽屉，取走了 100 元。据明明父亲介绍，孩子有一个陋习，从小喜欢在家里小偷小摸。而方方呢，那天因为补完了作业，怕被班主任骂，遂将作业悄悄插进了作业堆里。

这个结局令人唏嘘，但痛定思痛，为什么班级里现在有那么多的官僚作风？贿赂背书，进献零食，班干部为什么能如此嚣张跋扈？背后多数是因为班主任和任课老师们的宠爱，助长了歪风邪气。更可气的是，班干部即使犯错了，老师们也是笑脸相迎，而其他学生一犯错，准吃不了好果子。作为班主任，最忌讳偏爱某些学生。爱孩子没错，但过分溺爱乃至放纵就是错误。对于每一个学生，我们都应该为其制定一个成长目标，在这样的大背景下，再去放任孩子们自由成长。

四、"不择手段"——条条大路通罗马

　　不管我们的教育手段是放任学生自由还是牵着孩子慢慢走，这一切的初衷都是基于爱。课堂教学就是一场旅游，从零到达完整，从荒芜到达繁华。在旅游过程中学生将不断发展知识与技能，熟练掌握过程与方法，升华情感态度与价值观。老师们用爱来做导游，真心实意为孩子们考虑，那么孩子们的这场心灵之旅注定会收获成长。让我们用爱"导航"，陪伴孩子们成长，让他们去看那最美妙的风景。

"偷懒大王"蜕变记

戴淑颖

一、班有"偷懒大王"

"老师，小柯没带抄写本。""老师，小柯周末作业又没写。""老师，我们组的背书只有小柯没完成了。"……小柯，一个典型的"懒"孩子。由于懒，他经常完不成老师布置的任务，每次考试成绩倒数不说，行为习惯更是一塌糊涂。

大半个学期过去，小柯保持着他的懒习惯，既影响了其他同学，还给我造成了很多困扰：找他谈话，纯粹是在重复我以前跟他说过无数次的道理；放之任之，又担心他从此一落千丈。为此，我批评过他很多次，甚至还请他写检讨书、保证书，但无论我说什么，他依然"坚持不懈"。

二、瞧我四步蜕变

良好的行为习惯会让人终身受益，而坏习惯则害人害己。良好行为习惯的养成是形成学生健全人格的基础，是学生成人、成才的前提。想到小柯，我忧心忡忡，再这样下去，他以后的发展会是如何？"少若成天性，习惯成自然"，我得抓住小学这个关键期帮助小柯把坏习惯改过来。

难道小柯的"懒毛病"真的治不了吗？我静下心来分析原因，小柯之所以这么懒，一是源于他对学习缺少兴趣、动力。心理学家布鲁纳说："学习的最好动机，乃是对所学教材本身的兴趣。"可见浓厚的学习兴趣才能激发学生的学习动力。二是源于他还是个孩子，小孩子天性爱玩，小柯宁愿花时间玩耍也不愿学习。三是环境影响，小柯是家中唯一的孩子，依赖性强、自制力弱，而他的父母又忙于工作，没有太多时间监督他学习。四是从一年级至今，各个带过他的老师都给过他建议、忠告，他已经对这些都"免疫"了。

找到原因，也就想到了对策。我找到小柯，交给他一个新鲜又艰巨的任务：请他把一天内做过的事都记下来，第二天到校交给我，连续一个星期。为了避免他半途而废，我告诉他，这是我和他之间的约定，要做到有始有终、实话实说，老师相信他能把这个任务完成好。

之后，小柯接连交给我满满的三张大纸，只见上面写着：

（1）早上到校后，坐在位置上。

（2）早读课读课文，读到下课。

（3）下课后和同学们玩游戏。

（4）排队、做操、跑步、吃水果。

（5）上课时玩笔。

（6）在办公室补作业。

（7）午间阅读，看书时睡着了。

（8）下课和同学讨论手机游戏。

（9）同学在背课文时，我和同桌聊天了。

（10）订正作业。

（11）看电视。

（12）和邻居弟弟一起玩。

（13）玩手机。

（14）写作业。

……

看着他写了这么多，我又好气又好笑。思考过后，我又交给他第二个任务：让他用笔把没有意义的事情划去。放学前，小柯带着他那三张大纸来找我了。看着他画满了红线的大纸，再看看他的表情，我知道他已经意识到自己的问题了。时机差不多了，我开了口："小柯，你知道老师为什么要这么做了吗？"他点了点头。"那你有没有什么感受，可以跟老师聊聊。"小柯不说话了，低着头站在那里。"是不是还没想好？你也可以写下来给老师。"我说。小柯点了点头："老师，我还是写下来吧，明天交给您。"

第二天一到办公室，我就看到办公桌放着一个信封。我急忙打开它，迫不及待地看了起来：

老师，从你叫我把事情记下来开始，我就知道您是想改掉我的坏习惯。我知道我很懒，尤其是在划去没有意义的事情的时候，我很后悔，我发现我做的事大多都跟"玩"有关，时间就这样被我浪费掉了。早读课，我没有认真地背书；其他同学订正作业的时候，我在补前一天的作业；下课了，我把作业塞到课桌里，跑去和同学玩；回到家，我都是先玩一会再写作业的，有时候很晚才写，有的时候题目太难了，我就不想写了。难怪我完成不了老师布置的任务，也难怪我考试总是考不好。我意识到我的错误了，我会努力改正的。

看了小柯的信，我知道他已经从思想上意识到了问题，打铁要趁热，我得再想个方法来帮助他改掉这个"懒毛病"。于是我给他制定了一个"今日事今日毕"打卡表：给他一张表格，让小柯记录每天的学习任务，今天的任务全部完成了，就在对应的日期框下打上一颗星。我答应小柯，只要他这两周连续不间断完成打卡活动，就奖励他一次抽奖的机会；一学期不间断都完成了，到期末了就奖励他一本他喜欢的课外书。小柯充满信心地答应了。

一段时间下来，小柯的"懒毛病"改善了许多：能按时交作业了，而且字也努力写得端端正正，从字里行间就能看出他认真的态度；会主动背书了，从前他总是背得"磕磕绊绊"，现在流利了许多；上课开小差的次数减少了，成绩进步很快。最大的变化还是他变得自信、开朗了。

三、反思总结

看着小柯的变化，我由衷地感到高兴，一是为他的成长、蜕变而欣喜；二是我从中也得到了成长，感受到了育人的喜悦。下面我将从三点来谈谈我获得的启发和思考：

（一）启发学生自己思考

回想过往与小柯"斗智斗勇"的情景，我之所以未能改变小柯的偷懒习惯，是因为我大多时间都花在说教上，却不曾启发他，让他真正意识到自己的问题，这也难怪他的"偷懒毛病"总是"复发"。德国教育家第斯多惠曾说："一个坏的老师奉送真理，一个好的老师则教人发现真理。"孔子也提出"不愤不启，不悱不发"。这些都体现着同一个教育思想——启发。

在这次案例中，我通过记录事件、划去无意义事件、书写感受、"今日事今日毕"打卡活动这四步让小柯成长了不少。这主要得益于这一过程启发了小柯，他真正意识到"偷懒"这一习惯给自己带来了不少不良影响，因而愿意主动去改变。

（二）把外力转化为内力

正如我在案例中提到的那样，各个带过小柯的老师都给过他建议、忠告，小柯却依然"坚持自我"。我想大多老师都有过这样的体会：明明与孩子谈过不少道理、使过不少方法，可这花下的力气就如拳头打在棉花上——无处着力。

何不将教师的外在力转化为孩子的内在动力呢？

孩子不愿去改变，缺少内在动力是原因之一。我们不妨将教育的力量放到激发孩子的动力这一方面：动之以情，晓之以理，启发孩子发现问题所在；合理运用外部奖赏——小柯连续两周不间断完成打卡活动，我就奖励他一次抽奖的机会，一学期不间断完成，期末奖励课外书；有效地运用表扬，鼓励孩子产生再接再厉、积极向上的心态。

以上所有做法都是为了让孩子产生内在动力，从而推动他们主动地去改变。

（三）满怀希望，无限期待

在教学生涯中，我们会遇到许多像小柯这样的孩子。一开始，我感到无可奈何，进而这种情绪加深，我变得担忧，甚至苦闷。现在我真切体会到每个孩子绽放的花期是不同的，教师要用心引导、耐心等待，不能听之任之。

"金无足赤，人无完人"。当我们无计可施的时候，当我们认为孩子很难再有改变的时候，不妨换一种心情去对待，要始终满怀希望地去接纳，接纳孩子所有的不足与缺陷，坚定地相信他们会有所进步，期待他们变得更加优秀，有如花儿般灿烂地绽放！